Patricia Strahm

Mit Herz zur Seele

Für Nana

Originaltitel: Mit Herz zur Seele
3 .Auflage
© Copyright 2025 Patricia Strahm
Alle Rechte vorbehalten

Patricia Strahm, 6330 Cham, Schweiz
patricia.strahm@bluewin.ch

Texte, Illustrationen: Patricia Strahm
Bildrechte und Cover: Patricia Strahm
Titel: Mélanie Wahlen
Lektorat: Gilberte Strahm

Verlag: BoD · Books on Demand GmbH, Überseering 33, 22297
Hamburg, bod@bod.de
Druck: Libri Plureos GmbH, Friedensallee 273, 22763
Hamburg
ISBN: 978-3-8192-2640-3

Alle Texte und Illustrationen sind freigeschrieben und illustriert.
Dieses Buch ist nicht als psychologisch/ärztliches Fachbuch
einzusetzen.
Alle Themen in diesem Buch sind zur Persönlichkeitsentwicklung
sowie dem persönlichen Wachstum in verschieden Themen des
menschlichen Seins ausgerichtet.
Es werden psychologische Ansätze und Fachausdrücke verwendet.
Dieses Buch dient dem Leser oder der Leserin als Arbeitsbuch, um
sich selbst zu reflektieren, zu entdecken als auch wie man sich
seiner selbst bewusstwird und seine Potentiale entfaltet.

Fülle dein Herz mit Momenten des Lebens.

Patricia Strahm

Webseite

www.koutsching.ch

mit_herz_zur_seele   Patricia Strahm

Sozialmedia Gedöns

Inhaltsverzeichnis

Alle Illustrationen in diesem Buch sind Kopien von den Originalskizzen.
Diese sind in der Zeit entstanden, als ich mit gebrochenem Bein zu Hause festsass und mich in Geduld üben durfte.

Ich habe die Skizzen bewusst als Original übernommen, ohne sie anzupassen, zu verbessern oder sie ganz neu zu zeichnen.
Die Texte zu den unterschiedlichen Themen sind erst später dazu entstanden.

Die Figuren, "ICH & DU" sind bewusst neutral ohne Gesichter. Es war mir wichtig, den authentischen Ursprung der Idee beizubehalten, wie auch hiermit aufzuzeigen, wie wichtig es ist, sich im Leben treu zu bleiben sowie zu sich, seinen Ideen und derer Umsetzungen zu stehen.

In den verschiedenen Kapiteln, sind Einblicke, kurze Sequenzen, in teilweise grosse Lebensthemen, die den Menschen, in seinem Leben begegnen könnten.

Alles ohne "KI-Gedöns" andererseits mit viel Liebe, Herzblut, Fehler fabrizieren und ein wenig Glimmerstaub.

Das ist die Merci Seite

Ich danke Dir, dass du dieses Buch lesen wirst und von dem du für dein Wachstum wie auch deine Weiterentwicklung, hoffentlich viel profitieren kannst und vielleicht den einen oder anderen neuen Weg für dich einschlägst.

Ich danke meinem Leben für all die tiefen, spannenden, bereichernden Erfahrungen, Herausforderungen und Momente des Glücks, der Freude und des unerwarteten. Für alle Steine auf meinem Weg, die echt hartnäckigen Glaubensmuster und-Sätze in mir. Für all mein Wachstum, meine Resilienz, die ich jeden Tag wertschätze.

Ein riesiges Dankeschön geht an meine Familie, meine Tochter, meinen Partner, der Fels in der Brandung, wenn meine Geduld auf die Probe gestellt wurde.

Ihre Motivation sowie Unterstützung, um dieses Buch zu realisieren. Genauso für ihre gnadenlose Ehrlichkeit.

Danke meinem Mami für das Lektorat. Meinen Freunden für alle Inputs, die guten, tiefen Seelengespräche, welche ihren Teil zu diesem Buch beigetragen haben.

Dem Universum, das mir immer wieder zur richtigen Zeit die fehlenden Puzzleteile geschickt hat.

Ausserdem, wenn ich schon von Selbstliebe schreibe... Ich danke mir, dass ich trotz der Zweifel und Ängste nicht aufgegeben habe, dieses erste Buch zu schreiben und zu veröffentlichen.

Danke eure Patricia

Glück bedeutet, deinen eigenen Weg zu gehen!

unbekannt

Herzlich Willkommen

Hey, schön hast du mein erstes Buch in den Händen.
Dieses Buch ist inspiriert durch eigene Erfahrungen und Prägungen in meinem Leben, die wertvollen Prozessbegleitungen als Dipl. Familien und Jugend Coach, wie auch all meine Begegnungen mit den unterschiedlichsten Menschen und Kulturen auf meinem bisherigen Weg.

Dies hat mir unteranderem aufgezeigt, dass wir Vieles in uns tragen, um unser Leben zu einem grossen Teil selbst zu beeinflussen. Dass es von riesiger Bedeutung ist, auf unser Herz, unsere Seele zu hören und ihnen zu vertrauen.

Wir Menschen sind in der Lage aus so viel Potential in uns selbst zu schöpfen und wir zu Enormen fähig sind, wenn wir lernen uns selbst zu vertrauen.

Ich weiss, das Leben kann von Zeit zu Zeit echt fiese Herausforderungen an uns stellen. Da gibt es keine Ausreden oder Entschuldigungen. Momente, in denen man denkt, weshalb schon wieder ich, aus welchem Grund widerfährt mir das? Ich kann nicht mehr, es ist alles zu viel. Wo ist der Silberstreifen am Horizont oder das Einhorn auf dem Regenbogen, das mich hier rausholt?

Ich verstehe dich, dass dies schwierig erscheinen mag, einen Anfang zu finden, um in eine Veränderung zu gelangen. Genau in den Momenten des Lebens, indem der Strudel einem Tornado gleicht.

Wir alle sind geprägt von Einflüssen verschiedener Art und Herkunft. Von unserer Familie wie auch unserem Umfeld. Aus all diesen Erfahrungen sind unsere positiven sowie negativen Prägungen entstanden. Einige bewusst, andere unbewusst. Allerdings beeinflussen sie unser aller Leben.

Wir dürfen lernen, unseren Körper, Geist sowie unsere Seele auf eine gemeinsame Ebene zu bringen und aus ihnen zu schöpfen.

Ich präsentiere dir hier keine fix fertigen Lösungen, ich zeige dir hier einige Weg auf, die du beschreiten kannst. Denn jeder Mensch besitzt seine eigenen Geschichten, Prägung sowohl Aspekte, die ihn begleiten. Ich habe versucht aus unterschiedlichen Inhalten, für dich Selbstentwicklungsprozesse zu realisieren. Einige tief gehende Themen schneide ich im Ansatz an, bedarf aber sicherlich für manche Menschen noch an intensiverer Betrachtung.

Lass dich inspirieren, animieren, wachsen lassen, zum Schmunzeln bringen, allenfalls auch aus deiner Komfortzone locken.

Ich biete dir mit diesem Buch einen Anfang, um deine Entwicklungsreise zu starten und möglicherweise in eine neue Richtung zu lenken.
Es soll deinem Herzen wie auch deiner Seele Gutes tun. Dir Leichtigkeit und Klarheit schenken. Auf deinem persönlichen Weg mit deinem Herz zu deiner Seele. Ich freue mich dies hier mit dir zu teilen.

♡ Herzgruss

„Ein Stück Wachstum für Dich, beginnt jetzt"!

Deine Patricia

Das integrale Menschenbild [1]

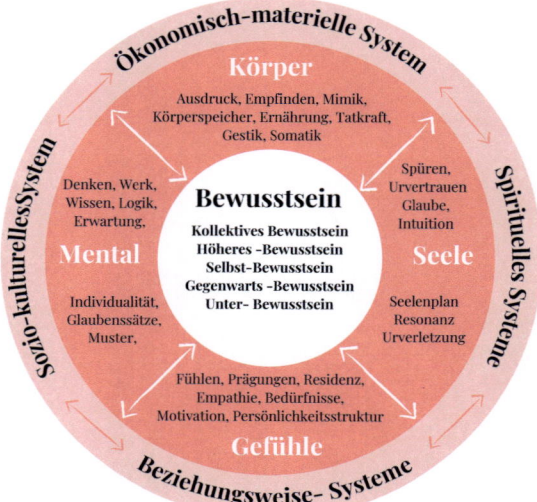

Abb. 1 Das integrale Menschenbild

Das integrale Menschenbild soll dir veranschaulichen, dass alles, was dich ausmacht, woher du kommst, was du denkst, was dir mitgegeben wird, in welchem System du lebst, deine Gene, an was du glaubst, einen enormen Einfluss auf dein Leben hat.
Dass deine Seele, dein Körper wie auch dein Geist miteinander verbunden sind und dieser Kreis symbolisch für jeden Menschen individuell und einzigartig ist.

Finde für dich heraus, wie dein integraler Kreis aufgebaut ist, welches System mehr Raum hat oder einnimmt, welche Bereiche du kennst, welche du gerne noch tiefer entdecken willst. Höre auf dein Bauchgefühl sowie deine Intuition.

1 Quelle: Living Sense Script Integral Coach CIS

Unser Bewusstsein & Unterbewusstsein

Damit du ein Verständnis entwickeln kannst, wie unser Unterbewusstsein und Bewusstsein funktioniert findest du auf den nächsten Seiten eine Erklärung dazu. Es kann sein, dass du in dieser Thematik schon vertraut bist, dann kannst du die Seiten überspringen, oder du liest sie und frischst dein Wissen auf.

Das Unterbewusstsein ist ein riesiger Speicher, der mit Allem verbunden ist. Wenn wir (wieder)lernen dieses anzuzapfen, wie auch unsere Ressourcen zu nutzen, unsere Potentiale sowie unsere Bedürfnisse kennenzulernen, unsere Seele und (Lebens)Geschichte verstehen zu können, sind wir in der Lage, so viel in uns zu verändern und zu beeinflussen.

Ursache / Herkunft	Wahrnehmung/ Ausdruck	Wirkung [2]
* Weltewissen Kollektive Muster, Prägungen & Werte	**Kollektives Bewusstsein** **Intuition**	Kollektive Schwingungen & Reaktionen
Seelenplan Berufung	**Höheres Bewusstsein** **Glaube, Liebe, Hingabe, Vertrauen**	Seelen-Resonanz Synchronizität Visionen
Selbsterkundung Selbstachtung Selbstwert Selbstliebe Selbstvertrauen	**Selbst Bewusstsein**	Selbsterkundung Selbstachtung Selbstwert Selbstliebe Selbstvertrauen
Bewusste Wahrnehmung der Situation	**Gegenwarts Bewusstsein** **Präsenz, Erkenntnis, Wahlfreiheit, Schöpferkraft**	Vorstellung Ziele & Pläne Bewusstes Handeln
* Instinkt, Trieb, Emotionen, Muster & Prägungen	**Unter Bewusstsein** **Autopilot Wertung**	Lebens-Resonanz Repetitionen Reaktionen

*sind die zwei häufigsten Ursachen beim Menschen für seine emotionalen Schwingungen, Wertvorstellungen, Prägungen & Werterhalt.

Abb. 2 Bewusstsein & Unterbewusstsein   Quelle 2: Living Sense Script Integral Coach CIS

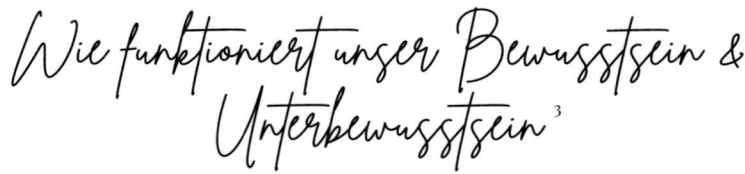

Wie funktioniert unser Bewusstsein & Unterbewusstsein [3]

Das Unterbewusstsein

Wir nehmen unterbewusst viel mehr wahr als wir bewusst realisieren. Ein umfangreicher Teil unseres Lebens wird ohne bewusste Wahrnehmung gesteuert. Denn das Unterbewusstsein ist viel, viel schneller in der Verarbeitung und Wahrnehmung im Verhältnis zum Bewusstsein.

Unterbewusstsein 40 Millionen BITS pro Sekunde.
Bewusstsein 40 BITS pro Sekunde.

Das Unterbewusstsein ist unser Autopilot. Alles das worauf wir uns nicht bewusst konzentrieren und durch das Gegenwartsbewusstsein reflektieren, wird von unserem Unterbewusstsein gesteuert. Die Wahrnehmungen entspringen aus unseren Emotionen, Erfahrungen, Instinkten und gespeichertem Wissen. (Muster und Prägungen.)

Auch die Amygdala (unser Alarmsystem) wird in unserem Unterbewusstsein beherbergt.
Unser Unterbewusstsein hat eine riesige Kapazität an Speicherplatz unserer Informationen. Alle unsere Fähigkeiten, Ressourcen und Erinnerungen, die wir nicht benötigen bleiben in unserem Unterbewusstsein.

Das Gegenwarts-Bewusstsein

Ist jene Ebene im Hier und Jetzt. Wir blicken bewusst auf unsere Erinnerungen und Erfahrungen. Wir denken, entscheiden, verstehen und wählen bewusst. Es erlaubt uns Eigenverantwortung. Emotionen nehmen wir auf dieser Ebene als Gefühle wahr.

Auf den Seiten 94-106 werde ich noch intensiver auf die Themen Selbstbewusstsein, Selbstliebe und Selbstvertrauen eingehen.

Selbsterkenntnis ist im Grunde eine Erkundung deines Selbst. Sie bildet eine gesunde Basis, um eine gesunde Beziehung zu dir selbst und anderen eingehen zu können.

Selbstachtung heisst Respekt zu dir selbst zu haben. Deine Bedürfnisse wahrzunehmen und ihnen Raum geben. Auch Grenzen zu setzen hat mit Selbstachtung zu tun.

In der **Selbstliebe** begegnen wir uns wertfrei. Es ist die bedingungslose Annahme unseres Wesens mit allem, was dazu gehört. Licht und Schatten. Wir, als perfekt unperfekt. Selbstliebe fördert durch Reflektion unser unabhängiges **Selbstwertgefühl.**

Im Gegensatz zum abhängigen **Selbstwert** der von Äusserlichkeiten, Wertung, Anerkennung abhängig ist. Wenn wir lernen uns liebevoll und achtsam zu begegnen, werden wir dies auch mit anderen Menschen können.

Selbstwert ist die Anerkennung der eigenen Person, dem Wissen das Bestmöglichste getan zu haben und die Freiheit zu besitzen sich weiterentwickeln zu können.

Selbstvertrauen ermöglicht den Menschen authentisch und im Vertrauen in seine Fähigkeiten zu leben.

Selbstbewusstsein verbindet alles zusammen. Das Gegenwartsbewusstsein mit dem höheren Selbst. Dann bist du ein Teil des grossen Ganzen, erkennst den Sinn deines Seins hier auf Erden. Es entsteht eine tiefe Verbundenheit mit sich selbst in Form von **Urvertrauen.**

Kollektiv-Bewusstsein

Dieses ist unterteilt in einem Feld von Kollektiv-Wissen und Kollektiv- Emotionen. Es wird häufig als Matrix bezeichnet.

In diesem Feld sind alle Gedanken, die jemals gedacht wurden und diejenigen die das Potenzial haben einmal gedacht zu werden. Das ist ein bisschen Wissenschaftshack.
Dieses Feld interagiert mit den Emotionen aller Wesen und Elemente und kann diese Schwingungen wiederum auf das Individuum übertragen.

Dies ist wissenschaftlich erwiesen. Versuche haben gezeigt, dass wenn in einer Gemeinschaft eine geteilte Absicht, in Form von Meditation oder Manifestation ausgeübt wurde, sich dies auf das oben genannte Feld (Kollektiv-Wissen& Emotionen) auswirkt.

Höheres Bewusstsein-Higher Self

Diese Verbindung ist unsere seelische Verbindung zum Göttlichen. Es ist die Erinnerung an unseren Seelenplan und unsere Berufung. Es ermöglicht uns unser Leben und alles, was bedingungslos ist wahrzunehmen und anzunehmen. Es gibt uns Zugang zu Antworten nach dem Sinn des Lebens.

Aus unserem höheren Bewusstsein prägen wir unsere Seelen mit Resonanz und sind in der Lage, Zeichen und Hinweise zu erkennen die es in unser Leben schickt.

Es ist auch die Verbindung die uns mit unseren Seelenmenschen, unseren Ahnen, lieben Verstorbenen, zu den Pflanzen und Tieren ermöglicht.

Jeder Mensch hat ursprünglich diesen Zugang, er wird aber leider in unserer Welt zugeschüttet mit all unseren äusseren Einflüssen. Es ist aber möglich ihn wieder zu öffnen.

Die Organe & ihre Emotionen[4]

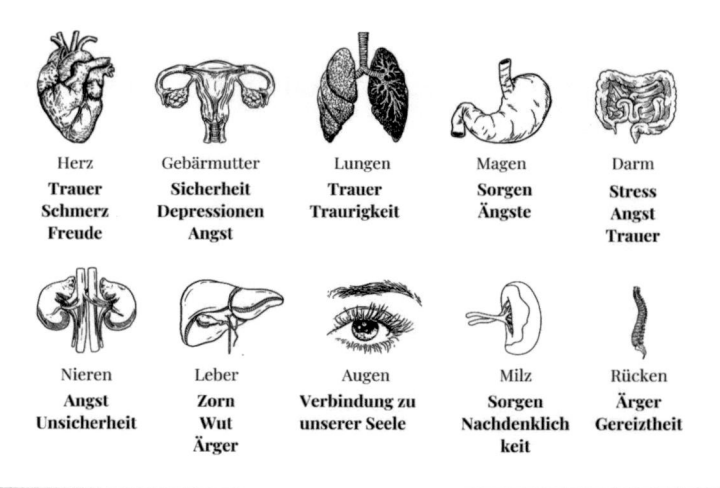

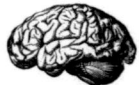

Das Hirn
Die Basis Emotionen nach Paul Ekman
Freude, Ärger, Angst, Überraschung, Trauer, Ekel

Herz
**Trauer
Schmerz
Freude**

Gebärmutter
**Sicherheit
Depressionen
Angst**

Lungen
**Trauer
Traurigkeit**

Magen
**Sorgen
Ängste**

Darm
**Stress
Angst
Trauer**

Nieren
**Angst
Unsicherheit**

Leber
**Zorn
Wut
Ärger**

Augen
**Verbindung zu
unserer Seele**

Milz
**Sorgen
Nachdenklich
keit**

Rücken
**Ärger
Gereiztheit**

Abb. 3 Die Organe & Emotionen

Viele unserer Krankheiten, Symptome, die wir in, oder an unserem Körper spüren oder mittragen, sind mit unseren Emotionen und Themen unserer psychischen Verfassung verbunden und beeinflussen unser Wohlbefinden.

Wenn die Seele überlastet ist, wird irgendwann der Körper anfangen zu reagieren. Es werden Symptome auftreten, um aufzuzeigen, dass etwas im Argen ist.

Ich möchte aber hier klarstellen, dass nicht alle Krankheiten oder Symptome so entstehen.

 Quelle 4: www.neijin-qigong.com

Ich kann aber aus eigener Erfahrung und Klienten Erfahrungen festhalten, dass die oben aufgeführten Emotionen teilweise heftige Reaktionen und Beschwerden auslösen können.
Es ist möglich, mit Körper und Seelenarbeit Veränderungen und Genesungen herbeizuführen.

Je nach Beschwerden oder Krankheitsbild ist es notwendig, Ärztlichen Rat und Abklärungen zu tätigen.

Das Limbische System [5]

Das limbische System (von lateinisch Limbus „Saum") ist eine Funktionseinheit des Gehirns, die der Verarbeitung von Emotionen und der Entstehung von Triebverhalten dient.
Der Hippocampus, die Amygdala und der Hypothalamus gehören zum Limbischen System.
Dem limbischen System werden auch intellektuelle Leistungen zugesprochen. Die Sichtweise, bestimmte Funktionen (wie die Triebe) nur auf das limbische System zu beziehen und als vom Rest des Gehirns funktionell abgegrenzt zu betrachten, gilt heute als veraltet.

Andere kortikale und nicht-kortikale Strukturen des Gehirns üben einen enormen Einfluss auf das limbische System aus.
Die Entstehung von Emotions- und Triebverhalten muss also immer als Zusammenspiel vieler Gehirnanteile gesehen werden und darf nicht dem limbischen System allein zugesprochen werden.
Das limbische System sorgt auch für die Ausschüttung von Endorphinen, also körpereigenen Opioiden.

Gerade in der Pubertät als auch in den Wechseljahren werden diese Regionen im Gehirn gefordert, da der Hormonhaushalt und Fluss über das Gehirn gesteuert wird.
Zur gegebenen Zeit pendelt es sich wieder ein.

 5 Quelle: Wikipedia

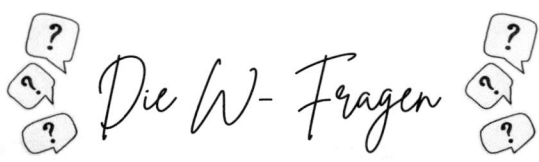

Die W-Fragen

Im Buch wirst du in jedem Kapitel W-Fragen für dich finden. Diese dienen dazu, dass du dich zu jedem Thema für dich reflektieren kannst, dir vielleicht offene Fragen beantworten kannst, welche dir ein wenig Klarheit in dein mögliches Chaos bringen werden. Für dich ein weiterer Schritt, um dich besser zu spüren und kennenzulernen.

Die W-Fragen stammen aus dem Coaching/Mentoring und werden in Begleitprozessen eingesetzt. Sie dienen dazu, den Klient oder die Klientin tiefer in ihre Themen oder Zielvereinbarungen begleitetn zu können. Da die W-Fragen nicht mit Nein oder Ja beantwortet werden können, ermöglicht es eine langfristige Kommunikation aufrechtzuerhalten.

Dieses kann im Alltag mit Übung, den Dialog zwischen zwei Menschen zu mehr lösungsorientierter Kommunikation führen. Sowohl beruflich wie auch privat.

Was beschäftigt dich heute?
Wo drückt der Schuh?
Wie kann ich dich unterstützen?
Wann hast du das erfahren?
Weshalb möchtest du heute nicht zur Schule?
Wodurch hat sich an deiner Situation etwas verändert?
Womit hast du gerechnet?
Wieso bist du überzeugt, dass dies der richtige Weg ist für dich?

Es gibt kein Richtig
oder Falsch...
Es gibt einfach dein
Weg!

Patricia Strahm

Der Plan kontra das Leben

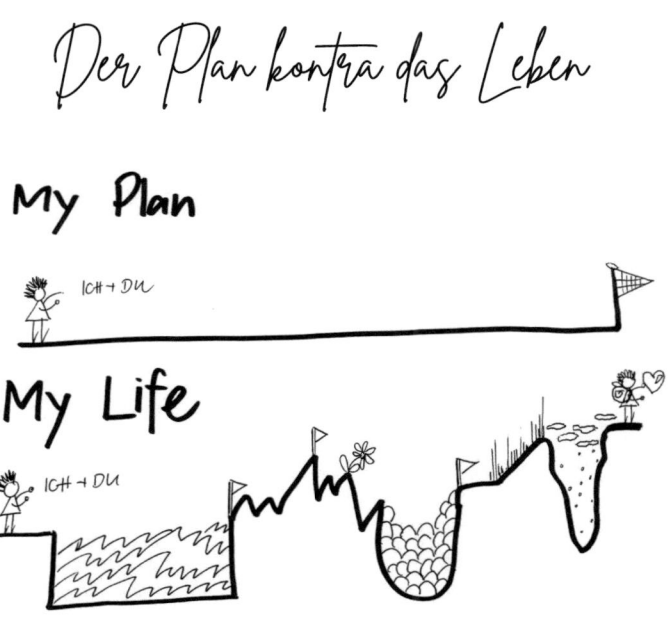

Abbild 4: "Der Plan"

Die Pläne, die man für sein Leben schmiedet, gehen des Öfteren in eine andere Richtung als der Mensch sich das vorgestellt, geplant, herbeigesehnt allenfalls gewünscht hat. Womöglich haben andere Menschen für dich sogar die Planung übernommen.

Bedeutend ist, zu verstehen, dass keine andere Person für dich leben oder deinen Weg gehen kann. Du hast deinen Lebensplan beziehungsweise Seelenplan bereits in, wie auch bei dir. Du kannst versuchen, im Vertrauen mit deinem inneren Kompass, mit viel Liebe sowie mit Akzeptanz deinen Weg zu gehen, auch wenn du zurzeit nicht weisst, was als nächstes kommt.
Tönt wunderbar, ist es auch, aber wir wissen genau, dass unser Leben nicht eine gerade Linie ist und beim Ziel das Fähnchen steht, ohne uns Aufgaben zu stellen.

Ja, es ist denkbar, dass dein Leben aus den Fugen gerät, du schon erlebt hast, wie es sich anfühlt, wenn sich Dinge um 180 Grad drehen, Hürden, Stolpersteine oder Schicksalsschläge eintreffen, auf die du nicht vorbereitet bist oder warst.

Es ist denkbar, dass du gewisse Vorahnungen gespürt hast oder spürst. Es Momente, Zeiten gab oder gibt, die vorhersehbar waren oder sind, die dich dennoch treffen oder trafen wie ein Hammerschlag.

Diese Momente, die echt herausfordernd sind, dich an deine Grenzen bringen und dir irgendjemand die "Arsch-Karte" zeigt.

Es ist ok, wenn du in diesen Momenten Wut, Angst, Trauer, Verzweiflung, Frust spürst, das Gefühl ausgelöst wird, dass die ganze Welt sich gegen dich verschworen hat inklusive des ganzen Universums.

Es ist möglich, dass du deinen Körper wie auch deine Seele und dein Herz (fast) nicht mehr spürst, du gefangen bist in deinem Schmerz oder sogar Schock.

In solchen Momenten oder Zeiten ist es notwendig, zuerst eine Stabilisierung herbeizuführen, um zu einem späteren Zeitpunkt an den Themen zu arbeiten, die zu dieser Situation geführt haben.

In der Psychologie spricht man vom "Wendepunkt", den ein Mensch zuerst überschreiten muss, um sich seinen Themen überhaupt stellen zu können. Davor ist es wichtig, den Menschen erstmal professionell zu stabilisieren.

Etwa wie bei einem Unfall, wenn das Bein gebrochen ist. Hier kommt auch zuerst ein Chirurg zum Einsatz.
Auch in dieser Situation bringt es nichts mit Physiotherapie zu beginnen.
Wenn du so weit bist (auch hier gilt dein Tempo, deine Entscheidungen) über diesen Wendepunkt hinaus zu steuern, werden sich neue Wege öffnen, welche dich wachsen lassen, Stärke bringen, die dich lernen deine Resilienz zu entwickeln. Du dich Themen stellst, die dich möglicherweise schon (viel zu) lange begleiten oder du immer wieder aufschiebst.

Es wird der Beginn sein, des Akzeptierens, des Heilens und des Loslassens. Du wirst bereit sein an Lösungen, Veränderungen heranzutreten, neue Verhaltensstrategien zu lernen sowie diese in dein Leben zu integrieren.

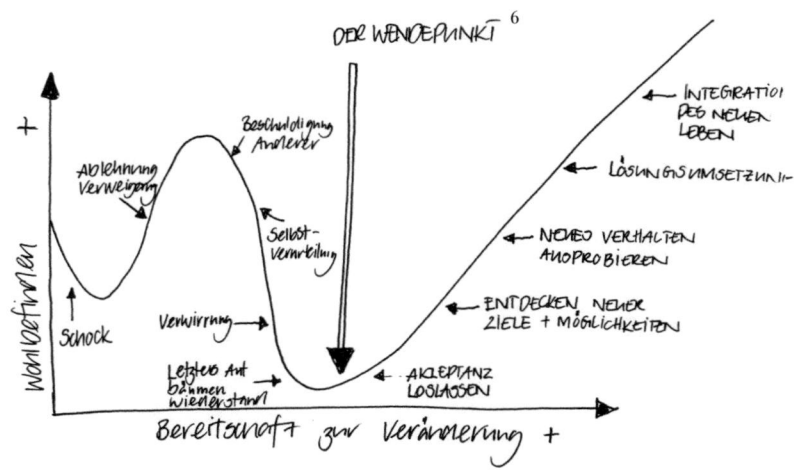

Abb. 5 Der Wendepunkt   6 Quelle: Die Chance Kurve nach Kübler-Ross

Du wirst wertschätzend in dein Inneres blicken, dir selbst auf die Schulter klopfen für alle kleinen, wie auch grossen Schritte, welche du gegangen bist.

Denn auch wenn das Leben manchmal andere Pläne mit dir hat, wird es dir auch wunderbare, überraschende, liebevolle, freudige Momente bescheren. Es wird dir Menschen in dein Leben bringen, für die du dankbar sein darfst, sei es, um dir Aufgaben zu stellen oder einfach Liebe zu bringen.
Genau diese Momente, Zeiten darfst du tief in deine Seele und Herz hineinlassen, sie speichern und konservieren, um auf sie zurückzugreifen, wenn mal eine Talsohle eintreffen sollte.

Greif auf deine positiven Erfahrungen, Emotionen, Prägungen, Momente und Geschichten zurück, damit du sie in Zukunft als Ressource einsetzen kannst.

♡ Gedanken für mich ♡

- Ich kann alle Hürden bezwingen.
- Ich gehe gestärkt aus den Herausforderungen hinaus.
- Ich bin meine eigene Heldin oder eigener Held.
- Ich darf mein Tempo selbst entscheiden.
- Es ist ok, wenn ich mal sauer auf das Leben bin.
- Ich darf loslassen.
- Ich möchte neue Wege gehen.
- Ich bin dankbar für alles Positive, was mir mein Leben bis heute schon geschenkt hat.

_____

_____

_____

_____

_____

_____

W- Fragen für mich

- Wodurch erlange ich meine Ruhe, die ich brauche, wenn mein Plan nicht aufgeht?
- Was oder wer hat mich unterstützt in vergangenen herausfordernden Situationen?
- Was habe ich für Möglichkeiten?
- Was brauche ich jetzt gerade?

- Was nehme ich mit aus diesen Momenten?
- Wie geh ich damit um?
- Was bin ich bereit zu investieren, um in eine Veränderung zu kommen?
- Welches sind meine Ziele?
- Wie lerne ich loszulassen, alte Muster zu verändern, wie auch Wunden zu heilen?
- Welche Momente teile ich mit meinen Liebsten?
- Auf welche Ressourcen kann ich zurückgreifen und wo muss ich meine Komfortzone verlassen?

_____

_____

_____

_____

_____

Hier kann ich schreiben, zeichnen, Kaffeespuren hinterlassen, Kussmünder drauf drücken, alles was ich gerade Lust habe...

_____

_____

_____

_____

_____

_____

_____

Mut steht am Anfang des Handelns, Glück am Ende.

Unbekannt

Wen siehst du im Spiegelbild?

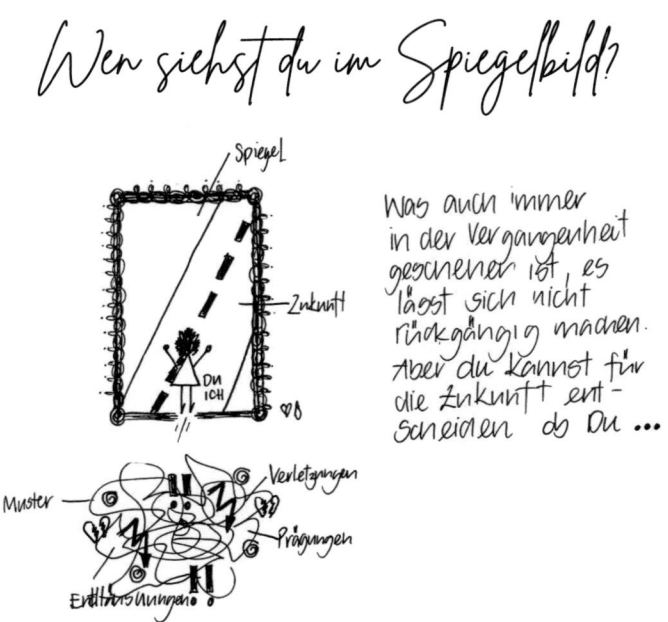

Abb. 6: "Der Spiegel"

...der Entscheider deines Lebens bist. Du kannst deine Fesseln sprengen. Deine Verletzungen, Traumas, Erlebnisse sowie Enttäuschungen mit den daraus entstandenen Glaubensmustern als auch Glaubenssätzen für dich bewusst wahrnehmen.

Jeder von uns hat Erfahrungen, Prägungen, Erlebnisse und Geschichten in seinem Rucksack.

Manche sind sehr inspirierend, herzöffnend, zaubern dir ein Lächeln ins Gesicht, du trägst sie mit Stolz. Sie stimmen dich zufrieden, lösen Glücksgefühle aus. Manche spenden dir Trost oder erfüllen dich bis in den kleinen Zeh mit Liebe. Andere wiederum können verletzend, zermürbend sein, stimmen dich traurig wie auch wütend und spiegeln Scham oder Ängste wieder.

Aber was sind denn Glaubensmuster und Glaubenssätze und wie entstehen sie? Und wieso "triggern" uns gewisse Menschen, Situationen so dermassen, dass wir teilweise aus der eigenen Haut fahren möchten?

Sie entstehen in unserer Kindheit und Jugend wie auch aus unserer vorgeburtlichen Zeit. Unseren Erfahrungen, Erlebnisse, Prägungen, Emotionen, die wir erlebt haben und erleben und in unserem Unterbewusstsein abgespeichert sind und werden.
Alles, was wir auf den Weg bekommen haben, beeinflusst unser Dasein. Ebenso haben Religionen, soziale Hintergründe wie auch politische Prägungen einen Einfluss.
Dazu kommen (wenn man daran glaubt) alte bis sehr alte Verhaltensmuster, Prägungen unserer Vorfahren, die uns beeinflussen können.

Wenn du dir vor Augen führst, wie du über einen langen Zeitraum Vorkommnisse immer wieder erlebst, hörst, siehst, fühlst und auch selbst ausführst, ist das zu diesem Zeitpunkt deine Wahrheit, an die du glaubst sowie sich "richtig" anfühlt.

Je früher, wie auch regelmässiger dies geschieht desto tiefer wird dies in deinem Unterbewusstsein abgespeichert.
Es ist wissenschaftlich erwiesen, dass über 90% deiner, wie auch allen andern Menschen ihrer Entscheidungen aus dem Unterbewusstsein heraus gesteuert werden, um anschliessend ins Handeln zu gelangen.

In den meisten Fällen ist das Bewusstsein für deine Glaubensmuster, die an deine Emotionen gekoppelt und massgeblich dafür verantwortlich sind, wie du auf deine Umwelt sowie Mitmenschen reagierst, nicht eingeschaltet.
Je tiefer diese in deinem Unterbewusstsein verankert sind, umso stärker können die Reaktionen auf eine bestimmte Situation, einen Menschen sein.

Hast du dich schon gefragt, weshalb du in einer Situation, einem Erlebnis, in einer Diskussion oder einem Gespräch urplötzlich mit sehr starken Emotionen wie auch Gefühlen reagierst?

Momente, in denen dir dein Körper Signale sendet, wenn heftige Emotionen einsetzen?
Aus welchen Gründen wiederholt sich dies jetzt schon wieder und wieso reagiere ich dermaßen ungehalten, wütend oder traurig?

Dies können verankerte Emotionen als auch Erfahrungen sein, die du in bestimmten Situationen schon einmal erlebt hast.
Angenommen diese wurden in deinen ersten sieben Lebensjahren abgespeichert, dann sind sie unter dieser Voraussetzung in die untersten, tiefsten Schubladen gewandert.

Die gute Nachricht ist, dass du sie aus diesen Schubladen rausholen und mit den passenden Werkzeugen und Unterstützung in neue positive Emotionen umwandeln kannst.

Ich kann dir aus eigener Erfahrung sagen, dass es eine der grössten Herausforderungen in deiner Persönlichkeitsentwicklung sein kann, wie auch eine sehr befreiende und wachstumsstarke.

Du entscheidest sowohl die Richtung als auch das Tempo. Wie du mit deinem Rucksack weiter in deine Zukunft schreitest.

Stell dir folgende Fragen.
Was will ich für meinen weiteren Weg? Was ist wichtig für mich, wie werde ich mein Leben gestalten?
Welche Möglichkeiten nutze ich, um zu lernen, wie ich mit meinen negativen Erfahrungen aus der Vergangenheit umgehen kann?

Du bist der Mensch, der für sich selbst die Verantwortung übernehmen kann.
Welchen Weg du wählst, welche Unterstützung und Tools du dir holst, es ist deine Wahl, deine Entscheidung.

Input für Dich

Aus eigener Erfahrung kann ich dir mit auf den Weg geben, dass es professionelle Unterstützung braucht, um tiefe Glaubensmuster auflösen sowie aufarbeiten zu können.
Menschen, die Kompetenzen mitbringen, um dich auf der tiefen Ebene des Unterbewusstseins zu begleiten.
Dies können Hypnose, Traumatherapie, spirituelle Trance Reisen sein, alles, was für dich passend ist. Schau, dass du jemanden findest, dem du vertraust und dich über den gesamten Zeitraum begleitet.

♡ Gedanken für mich ♡

- Ich entscheide selbst wie meine Zukunft aussehen soll.
- Ich kann meine Glaubens- Sätze & Muster neu programmieren.
- Ich kann Verletzungen heilen.

_____

_____

_____

_____

W- Fragen für mich

- Was für Erfahrungen habe ich aus meiner Vergangenheit, die ich heilen will?
- Wie sind meine Glaubensmuster entstanden?
- Aus welchem Grund entscheide ich mich für eine Zukunft mit positiven Erfahrungen?
- Wie bereit bin ich für den nächsten Schritt?
- Wer kann mich dabei unterstützen?

_____

_____

_____

_____

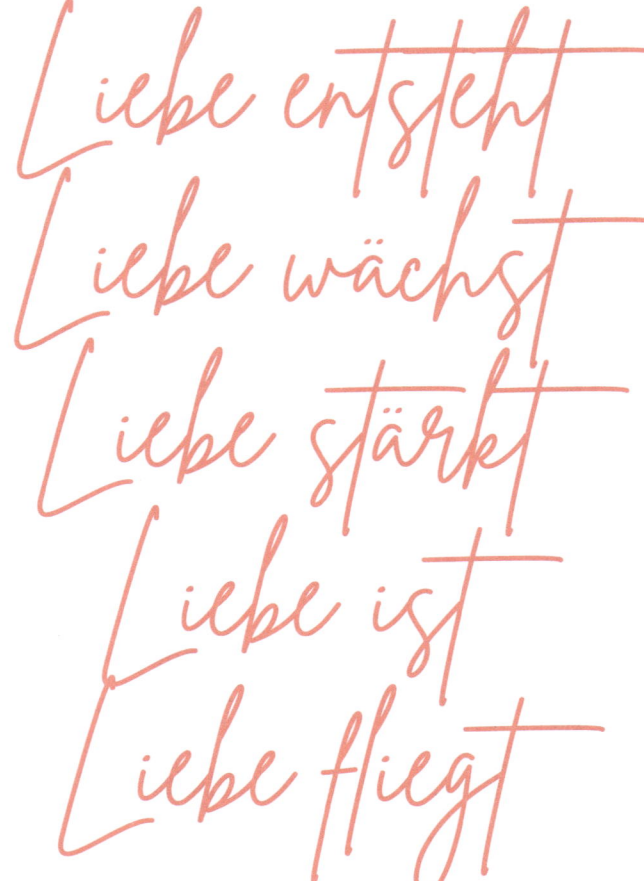

Liebe entsteht
Liebe wächst
Liebe stärkt
Liebe ist
Liebe fliegt

Patricia Strahm

Düsentrieb aktiviert

Abb. 7: "Die Rakete"

Volle Kraft voraus, Schub geben, Energieschub einleiten. Das
wünschen wir uns doch alle. Sei das um neue Ziele, ersehnte
Wünsche als auch Veränderung in unserem Leben zu erlangen.
Angenommen das Getriebe klemmt noch, die richtige Mischung des
Antriebstoffes ist allenfalls noch nicht gefunden oder nach ein paar
Fehlzündungen ist deine Motivation im freien Fall, was kannst du
also unternehmen?

Setze bewusst all deine positiven Erfahrungen wie auch
Erinnerungen ein, zapfe deine vorhandenen Ressourcen an, um
diesen Erfolg versprechenden Treibstoff einzusetzen. Damit startet
deine Rakete garantiert.
Wenn du lernst aus deinen Fähigkeiten das Volle zu schöpfen, kann
dich dies zu Höchstleistungen motivieren. Aber wie geh ich das an,
fragst du dich jetzt vielleicht?

Eine der häufigsten Hürden für uns Menschen, um in eine Veränderung zu gelangen, ist der fehlende Mut und Vertrauen zu sich selbst.

Den Mut zu haben neue Wege einzuschlagen, alte Zöpfe abzuschneiden, Beziehungen zu beenden, ein unbekanntes Land zu bereisen, eine neue Sportart auszuprobieren, sich beruflich eine Selbständigkeit aufzubauen, sich die Haare zu färben...
Ich könnte dir noch Dutzende von Möglichkeiten aufzählen.

Welche Situationen, geheime Wünsche als auch Vorsätze kommen dir jetzt in den Sinn? Jeder von uns hat seine Gedanken, Vorstellungen, wahrscheinlich fehlt (noch) der Mut, um in die Umsetzung zu gelangen.

Die Frage ist, wie bekomme ich denn dieses "mutig sein" Ding in meinen Kopf, damit ich eine Veränderung starten kann?
Dass der Düsentrieb aktiviert wird?
Beginne doch in deinen Erinnerungen...

Input für dich

Setze dich gedanklich in Situationen, Momente, Lebenslagen zurück, in denen du für dich einen mutigen Schritt vollbracht hast?

Erinnere dich zurück, wie alt du damals warst?
War noch jemand dabei?

Wie war das Gefühl, als du diesen mutigen Schritt vollbracht hast?
Versuche Schritt für Schritt in deine Vergangenheit zu reisen.
Wo warst du?

Wie hast du deine Umgebung wahrgenommen?
Wo war es in deinem Körper zu spüren, wie hat es sich angefühlt,
nachdem du den mutigen Schritt getan hast?

Es kann hilfreich sein, deine auftauchenden Gedanken schriftlich
festzuhalten.
Setze dich bitte nicht unter Druck, dass genau jetzt in dem
Moment deine Gedanken aufpoppen müssen. Gut möglich, dass
die Türe aufgestossen wird, deine Erinnerungen können aber
auch zu einem späteren Zeitpunkt auftauchen.
Das ist voll ok.

Was ich dir aber bestätigen kann, dass ein Grossteil genau solcher
Situationen, einer der Schlüssel ist, um dir Mut zu verleihen.
Damit du deine Rakete zünden kannst, um in deine Themen
einzutauchen und diese nachhaltig zu verankern.

Schreibe diese auf, hänge sie gut sichtbar auf, damit sie in deinem
Blickfeld wahrgenommen werden.
Das kann am Badezimmer Spiegel, im Flur sein als auch neben
dem Bett. Wo dein Blick hin schweift, wird sich auch dein
Blickwinkel verändern. Vertraue darauf.

♡ Gedanken für mich ♡

- Ich setze meine positiven Erfahrungen & Erinnerungen ein, um mehr Energie zu generieren.
- Ich zapfe meine bestehenden Ressourcen an.
- Ich kann neue Ziele & Wünsche für mich formulieren.

_____

_____

_____

_____

W- Fragen für mich

- Wie habe ich es in einer anderen Situation schon geschafft?
- Wo war ich in meinem Leben schon mutig?
- Wen kann ich um Unterstützung fragen?
- Welche Ressourcen kann ich anzapfen?
- Welches Bild kommt mir in den Sinn, wenn ich an Mut denke?
- Welche Teile meines Körpers machen sich bemerkbar?

_____

_____

_____

_____

Hier kann ich schreiben, zeichnen, Kaffeespuren hinterlassen, Kussmünder drauf drücken, alles was ich gerade Lust habe...

_____

_____

_____

_____

_____

_____

_____

Flip the Hormons

Endlosschleife abonniert...

Abb. 8: "Der Flipperkasten"

Fühlst du dich zeitweise wie in einem Flipperkasten?
Die Hormone spicken von einem Ort zum andern. Der
Hormonhaushalt fühlt sich an, als würde er in der Endlosschleife
als Ball in der Startposition im Kasten rausgespickt werden?

Schon das ist eine deutliche Herausforderung. Gesellt sich das
Sahnehäubchen noch obendrauf, mit den zwei Spezies: "Mama
Wechseljahr Zonk" sowie "Mir gehört die Welt, ihr habt eh keine
Ahnung, mir egal, Sozial Media-Zombie-Teenager", dann hast du
den Hormon Karussell Jackpot geknackt.

Ja, der Faktor, dass Frauen später Kinder kriegen und unsere "Mini-My's" teilweise immer früher in die Pubertät eintauchen, hat einen immensen Einfluss.
Nichtsdestotrotz sind die Zeiten der Veränderungen körperlich, mental sowohl auch seelisch eine Herausforderung. Es ist eine Zeit des Erwachsenwerdens vs. in der Mitte seines Lebens stehend.
Ausserdem die Zeit des Loslassens, des (neu)-Entdeckens, sich kennenlernen, abgrenzen, akzeptieren, spüren lernen in beiden Lagern.

Veränderungen können Ängste als auch Unbehagen auslösen, da die Erfahrungen fehlen. Hinzu kommt, dass in unserer Gesellschaft immer noch viel zu wenig offen über diese Themen gesprochen wird.
Die Pubertät und Wechseljahre werden als anstrengend, teilweise auch als nervenaufreibend dargestellt.
Ja, es ist eine prägende Zeit für alle Beteiligten, auch das Umfeld, unbestritten, aber...

...es ist auch eine wertvolle, bereichernde, wunderbare wie wichtige Zeit, aus der viel Neues entstehen kann.
Du darfst für dich herausfinden, was du brauchst, was dich bereichert, welche Unterstützung du annehmen möchtest.
Solltest du mit deinem Kind/deinen Kindern im gleichen Boot sitzen, dann sucht gemeinsam nach passenden Lösungen sowie Wegen, um mit mehr Ruhe, Gelassenheit, Freude und Liebe durch diese Zeit zu gehen.

Bei meinen Recherchen zum Thema "Mamas & Töchter gemeinsam auf dem Hormonkarussell,"[7] haben sich die Themen gemeinsame Kommunikation, wie gehe ich mit meinen Emotionen, Bedürfnissen wie auch Erwartungen um, als häufigste Herausforderung herauskristallisiert.
Wie auch Aspekte über die Wirkung der eigenen erlebten Pubertät. Auch was all die körperlichen Veränderungen mit ihren unterschiedlichsten Symptomen für Einflüsse auf die Beziehung haben.

Die Inputs auf den nächsten Seiten, funktionieren übrigens auch mit männlichen Pubertierenden, als auch mit den übrigen Menschen auf diesem Planeten.

Expressives schreiben

Nimm dir Stift, Papier zur Hand und etwas Zeit für dich. Ein emotionales Thema, das dich gerade beschäftigt und begib dich an deinen Rückzugsort.
Dann schreib einfach los, ohne zu unterbrechen beziehungsweise, über dein Thema nachzudenken.
Es kann Einiges auflösen, das Thema neutralisiert. Deine Gefühlslage kann sich verändern, wie auch Stress abbauen.
Du kannst das Geschriebene später vernichten oder aufbewahren.
Dieses Tool wird im Übrigen von unseren Teenagern sehr gerne angewendet.

 *Input für Dich*

"Die Pause Taste für Limbi"

Dieses Tool kann unterstützend sein, wenn das Limbi aktiv wird. Emotionen wie Wut, Angst, Scham, Frust, Verletzlichkeit als auch andere negative Gedanken können die Auslöser sein. Zu welchem Zeitpunkt nehmen deine Emotionen überhand? Ab wann erhebt sich möglicherweise deine Stimme? Gibt es Situationen, in denen du ungehalten wirst oder eine Grenze überschreitest?

In diesen Fällen kommt die "Pause Taste" zum Zug.
Wie programmiere ich meine "Pause Taste"?
Du erlernst deine Symptome wahrzunehmen sowie deine Gefühle wie auch Bedürfnisse zu erkennen sowie eine Verbindung zu ihnen herzustellen.

Die Programmierung erfolgt über eine Körperberührung. Entdecke für dich, welche Methode dir zusagt. Dies kann z.b. das Ohrläppchen berühren, einen Finger umfassen oder die Nase antippen sein.
Damit es nachhaltig wirkt, wiederhole diese Geste mehrere Male. Währenddessen projizierst du dir ein Bild in deine Gedanken, welches für dich Ruhe als auch Gelassenheit ausstrahlt.

Körpersymptome: Schneller Herzschlag, feuchte Hände, Kloss im Hals, Angespanntheit, trockene Kehle.

Verhaltenssymptome: Laut werden in der Sprache, schimpfen, drohen, schupsen, heruntermachen, schütteln des Gegenübers.

Anwendung:
Versuche deine Körpersymptome sowie Kommunikation bewusst wahrzunehmen.
Wenn du spürst, dass der Zenit erreicht ist, drücke deine "Pause Taste."
Sollte es nicht gleich auf Anhieb funktionieren, no stress. Es benötigt etwas Übung, wie alles im Leben, das du neu lernst.

Du wirst nach und nach erleben, wie sich Situationen verändern, weil du in die Veränderung getreten bist.
Du wirst beginnen Abstand zu gewinnen, dich und deine Gefühle wie auch Emotionen besser verstehen. Du wirst ausserdem lernen mit deinem Gegenüber in einen positiven Dialog zu treten.

- **Versuche jede Situation neu zu reflektieren.**
- **Was hat sich verändert?**
- **Im Innen als auch im Aussen.**
- **Habe ich reagiert oder agiert?**
- **Wie geht es mir jetzt?**
- **Wie geht es meinem Gegenüber?**

Input für Dich

Düfte und Öle

Ätherische Öle und Düfte kannst du in verschiedenen Varianten einsetzen. Sie helfen dir Wechseljahr-Beschwerden zu reduzieren und können Unterstützung für die Teenager sein.

Seelentrost: *Vanille, Kakao, Tonka*
Konzentration: *Zitrone, Pfefferminze, Zedrat*
Mut/ Selbstvertrauen: *Atlas Zeder, Himalaya Zeder*
Angst: *Kamille, Melisse*
Aufmunterung: *Bergamotte, Mandarine, Grapefruit, Minze*
Wechseljahre: *Kamille, Geranien, Rose, Muskatel Salbei, Rosenholz, Lavendel*

PS: Informiere dich in der Apotheke oder beim Fachanbieter, um deine passenden Düfte zusammenzustellen. Dies sind Beispiele.

 **Input für Dich** ☺

- **Alternativen, um "chillig" durch diese Zeit zu rocken...**
- **Champagner trinken** (Will nicht zum Alkohol trinken animieren, aber manchmal hilft es trotzdem)
- **Es aussitzen und warten bis es durch ist**
- **Dir einen Flipperkasten oder Boxsack in die Hütte stellen**
- **Atemübungen machen**
- **Dich austauschen mit Gleichgesinnten**
- **Einen Hormoncocktail oder Sex on the Beach Cocktail einwerfen**
- **Einen Kräutergarten anlegen (mit Kräutern gegen Hitzewallungen & Schweissausbrüche)**

PS:
Ich empfehle jeder Frau gut auf sich Acht zu geben, auf ihren Körper aber auch die Psyche. Keine Scham oder Ängste haben, sich professionell unterstützen zu lassen von Fachpersonen.
Für jede Frau sind die Wechseljahre individuell spürbar. Auch hier gibt es kein Richtig oder Falsch. Wichtig ist nur, dass niemand sich mehrere Jahre, sowohl körperlich als auch psychisch quälen muss.

♡ Gedanken für mich ♡

- Ich darf mich manchmal, wie in einem Flipperkasten fühlen.
- Ich darf mir Auszeiten nehmen, um mir Gutes zu tun.
- Ich bin eine gute Mutter, egal wie verrückt die Hormone spielen.

_____

_____

_____

_____

_____

W- Fragen für mich

- Was ist meine grösste Herausforderung mit meinen Hormonen?
- Wen kann ich um Unterstützung bitten?
- Wie kann ich mir meine my- time organisieren?
- Welche Bedürfnisse brauche ich, damit es mir gut geht?
- Was kann ich in meiner Kommunikation verändern?
- Was will ich für mich? Für meinen weiteren Weg?

_____

_____

_____

_____

_____

_____

Deine Seele
Dein Weg
Dein Wachstum
Deine Liebe
Deine Entscheidung

Patricia Strahm

Trage deine Krone mit stolz

Für jeden Schritt, egal
ob gross oder klein,
trage Deine Krone mit
STOLZ! Du hast es verdient!

Abb.9: "Die Krone"

Du bist die Königin oder der König in deinem eigenen Land. Wie jedes Land, ist jeder Mensch einzigartig. Jeder Mensch regiert sein inneres Land anders. Auf seine Art und Weise. Die Aufgaben, die dir als Königin oder König vom Universum aufgetragen werden, können voller Energie und Wohlwollen sein, spannend, beglückend, herzberührend. Es gibt Zeiten, da ruckelts gewaltig am Thron oder an der Krone. Diese lässt dich wiederum wachsen, lernen und öffnet neue Horizonte für dein Land.

Du darfst deine Verantwortung wahrnehmen für dich und dein Königreich. Dein Körper, Geist und Seele sind vereint und deine wichtigsten Berater wie auch Begleiter in deinem Reich. Schaue, dass deine Seele, dein Herz wie auch dein Geist gut genährt werden, damit auch dein Körper gesund bleibt.

Feiere dich und dein Leben. Trage deine Krone mit Stolz, für alle Aufgaben, Ziele, Hindernisse, Momente, Begegnungen, die du erlebt, gemeistert und erreicht hast.

💡 Input für Dich

Schreibe dir fünf bis zehn farbige Post-it als Remainder mit Aufgaben, Zielen, die du gemeistert und erreicht hast. Pinne diese an den Kühlschrank, Badezimmerspiegel, Eingangstüre und lies sie dir selbst laut vor. Beobachte, was sich in dir und um dich verändert.

♡ Gedanken für mich ♡

- Ich bin Königin oder König in meinem Leben.
- Ich meistere & erreiche meine Aufgaben für mich.
- Ich trage meine Krone mit Stolz & Würde.

_____

_____

_____

_____

_____

W- Fragen für mich

- Wie sieht mein inneres Reich aus?
- In welchen Bereichen darf ich noch mehr zu mir schauen?
- Welche Möglichkeiten habe ich, um mir Unterstützung zu holen?
- Was macht mich von mir stolz?
- Über welche Ressourcen verfügt mein Königreich?

_____

_____

_____

_____

_____

Hier kann ich schreiben, zeichnen, Kaffeespuren hinterlassen, Kussmünder drauf drücken, alles was ich gerade Lust habe...

_____

_____

_____

_____

_____

_____

_____

Viele Türen führen nach Rom

Abb. 10: "Die Türen"

- dass es verschiedene Türen für dich bereithält.
- Türen, die sich schliessen.
- Türen, die sich öffnen.
- Türen, die knarren.
- Türen, die fast zu klein erscheinen, um durchzugehen.
- Türen, die unsichtbar sind.
- Solche die mehrere Schlösser haben.
- Türen, die einfach so aufgehen.
- Türen, die man verschlossen lassen sollte.
- Türen sind immer ein Durchgang.

Seien diese für Zeit, Raum, Begegnungen, Schwingungen und Stimmungen. Welche Türe du auch immer wählst, du hältst den passenden Schlüssel in deinen Händen.

Diese Schlüssel können in verschiedenen Gestalten sowohl Formen in deinem Leben existieren als auch auftauchen.

Es gibt Schlüssel, die dürfen zuerst noch entstehen, indem sie passend geschmiedet werden.

Von Zeit zu Zeit kannst du Schlüssel geschenkt bekommen.

Gelegentlich braucht es Mut, um eine Türe zu öffnen.

Du hast Momente, die dir Vertrauen schenken, wenn jemand an deiner Seite steht und dich unterstützt beim Öffnen deiner Türe. Zeitweise strotzt du vor Selbstvertrauen, wissend welche Ressourcen du bereits hast, um die Türe mit Leichtigkeit zu öffnen.

Es kann auch sein, dass du zuerst eine andere Türe öffnen musst, bevor du durch die Türe gehen kannst, die du dir ersehnst.

Für welchen Weg entscheidest Du Dich, nachdem Du die Türe passiert hast?

♡ Gedanken für mich ♡

- Jede Türe, die ich öffne, hält Wertvolles für mich bereit.
- Jede Türe, durch die ich gehe, lehrt mich etwas.
- Jede Türe, die ich öffne, lässt mich weiterkommen.

_____

_____

_____

_____

_____

W- Fragen für mich

- Welche Türen haben sich leicht öffnen lassen?
- Wie hast du es geschafft, im Vertrauen zu sein, als du die Türen geöffnet hast?
- Wer hat dich dabei unterstützt?
- Was wünschst du dir für deine nächste Türe, die du öffnen willst?
- Wie sieht dein aktueller Schlüssel aus, für deine nächste Türe?

_____

_____

_____

_____

Schau nur
zurück, um zu
sehen, wie weit du
gekommen bist.

Blümchen oder Karo?

Tapete

Ein TAPETEN WECHSEL kann, Stress abbauen, Perspektiven wechsel, Horizont erweitern, Seelenbalsam sein.

ICH
DU

Abb. 11: "Tapetenwechsel"

Eine neue Perspektive kann manchmal (kleine) Wunder bewirken. Der Seele, dem Körper wie auch dem Geist einen Seitenwechsel gönnen. Damit aus diesen Augenblicken neue Dimensionen, Perspektiven entstehen können, und dich ausserdem auf eine neue Ebene bringen werden.

Bist du gerade berufstätig, studierst, gehst einer Ausbildung nach, (er-)füllt dein Familienleben dich mehr als aus? Stehst du vor einer Neuorientierung, sei dies persönlich oder beruflich?
Fällt dir einfach die Decke auf den Kopf?

Da könnte es vielleicht höchste Eisenbahn für einen Tapetenwechsel sein. Dieser kann dir einen neuen Blick auf Themen oder Situationen ermöglichen, die dich beschäftigen. Seelenbalsam wie auch Stressabbau bewirken.
Ein Tapetenwechsel heisst auch, bereit sein für eine Veränderung deines Geistes.

Es ist denkbar, dass dir Gedanken kommen wie, ach ich hab doch keine Zeit für entweder einen Wochenendtrip oder einen langen Urlaub.
Mir fehlen die finanziellen Mittel dazu. Ausserdem ist niemanden da, der auf meine Kinder aufpasst.
Ich arbeite Schicht, muss am Tag schlafen oder ich habe zwei Jobs usw.

Ja, es gibt immer Argumente als auch Gründe, wieso und weshalb ein Tapetenwechsel nicht umsetzbar erscheinen mag.
Dennoch gibt es Einige, die möglich sind, sie umzusetzen.
Es müssen nicht immer weite, kostspielige oder zeitaufwändige Destinationen sein.
Klar, bei drei Wochen Cuba oder einer Stippvisite nach Paris mit "Savoir Viver" ist bestimmt niemand abgeneigt.

Ich im Übrigen auch nicht...

Allerdings können schon kleine Tapetenwechsel erfolgreich sein und dich auf andere Gedanken bringen, wie auch neue Perspektiven eröffnen.

 *Input für Dich*

- Das Schöne ist, dass schon ein Spaziergang auf einer dir noch unbekannten Strecke ein Tapetenwechsel mit neuem Blickwinkel ermöglicht.
- Der Besuch in einer neuen Stadt oder einem Dorf in deiner Nähe, wo du gemütlich einen Kaffee trinkst, deine Seele einen Moment baumeln lässt.
- Zieh einen Pullover von deiner/deinem Partner/in allenfalls von deinen Kindern (sofern er passt) an.
- Wie fühlt sich das an?
- Wie fühlst du dich, wenn du dich im Spiegel betrachtest?
- Setze dich zu Hause bewusst einen Monat an einen anderen Platz am Esstisch. Schaue mal, was mit dir passiert, auch mit deiner Umgebung. Was dieser Perspektivenwechsel in dir auslöst?
- Fahr anstatt mit dem ÖV oder Auto mit dem Fahrrad zur Arbeit.
- Iss an einem Mittag dein Essen nicht in der Kantine oder deinem Lieblings-Döner, sondern im Restaurant eines Altersheims.
- Probiere eine neue Sportart aus.

Es gäbe sicher noch Dutzende solcher Beispiele. Versuche es und schaue was mit dir passiert.

♡ Gedanken für mich ♡

- Ich gönne mir einen Tapetenwechsel.
- Ich kann so wieder Energie tanken.
- Ich bin gelassener im Alltag.
- Ich darf mir etwas Gutes tun.
- Meine Seele darf auch baumeln.

_____

_____

_____

_____

W- Fragen für mich

- Wie kann ich für mich einen Tapetenwechsel starten?
- Was brauche ich dazu?
- Wie fühlt es sich an, nach einem Tapetenwechsel?
- Was nehme ich mit von meinem Tapetenwechsel?

_____

_____

_____

_____

Hier kann ich schreiben, zeichnen, Kaffeespuren hinterlassen, Kussmünder drauf drücken, alles was ich gerade Lust habe...

_____

_____

_____

_____

_____

_____

_____

_____

Gib jedem Tag die Chance, der schönste deines Lebens zu werden.

Mark Twain

Chaos im Kopf

Abb.12 "Chaos im Kopf"

Wusstest du, dass jeder Mensch schätzungsweise 60'000 Gedanken pro Tag in seinem Unterbewusstsein hat. Nur gerade 5-10% kommen aus dem Bewusstsein heraus.
Krass nicht wahr! Zudem auch nicht miteinander.
Denn es ist immer noch ein Ammenmärchen, dass der Mensch denkt, verschiedene Gedanken miteinander denken zu können.
Wir sind nicht Multitasking. Keiner, auch die Frauen nicht.
Ja, es gibt Menschen, die sind in ihrer Denkweise schneller wie auch komplexer verknüpft und so zu mehr Verarbeitung der Gedanken fähig.

Bei so vielen Gedanken kann schon mal das Chaos im Kopf losbrechen. Kennst du das gelegentlich auch?
Hunderte von Gedanken, Zeitschleifen, Aufgaben die zu bewältigen sind, Gedankenkarussell in persönlichen Themen oder gelegentlich Engel als auch Teufel in deinem Kopf.

Öfters feuert auch noch das Unterbewusstsein in diese bewussten Gedanken. Zudem sind alle Gedanken an deine Emotionen geknüpft, welche wiederum einen riesigen Einfluss auf dein Handeln und deine Kommunikation haben.

Denkst du jetzt, na bravo, wie komm ich da jemals wieder raus? Ein Weg wäre von 100 Carpe-Diem bis zu Mini-Glasperlen aufziehen, um das Chaos zu lösen.
Das sind sicher gute Ideen. Es gibt aber auch noch nachhaltigere Methoden.

Denk daran, nur du kannst für dich entscheiden, was du brauchst, um den Wollknäuel an Gedanken zu lösen.
Um für dich eine (neue) Struktur zu finden, als auch den Fokus setzen zu lernen.
Wie du deinen Kopf lüftest, sei dies mit Sport oder Meditation. Genau so kann das Lesen eines Buches, das Musizieren, Töpfern, Schreiben sowie Malen dich unterstützen.
Für manche Menschen können Gespräche mit Freunden wie auch Familienmitgliedern ein wunderbares Geschenk sein.

All das, was dir Freude bereitet, dich in die Ruhe bringt, deine Seele berührt und dich wachsen lässt ist richtig für dich. Du darfst deine Möglichkeiten entdecken, die dir wieder mehr Klarheit sowie Leichtigkeit in dein Leben bringen.

Denk daran, wenn du schon ein paar von deinen 60'000 Gedanken, in positive, klare sowie bewusste umwandeln lernst, sie mit regelmässigem Training verinnerlichen magst, wird dies dein Mind-Set nachhaltig verändern.

 *Input für Dich*

Um dieses Training zu starten, kannst du dich fragen...

- **Welche Gedanken sind im Moment verantwortlich für mein Wohlbefinden?**
- **Welches Gedankenkarussell dreht sich?**
- **Frag dich was genau fühle ich in dem Moment?**
- **Was habe ich Lust in dem Moment zu tun?**
- **Welche Emotionen sind damit verbunden?**
- **Wie reagiert mein Körper, was braucht er?**
- **Was kann ich selbst beeinflussen, um Abstand zu meinem Gedankenkarussell zu bekommen?**
- **Versuche es und schau was sich verändert.**

 *Input für Dich*

" Emotionales Erfahrung Tagebuch"

Dieses Tool kannst du für dich als Selbstcoaching als auch mit Unterstützung anwenden.
Du lernst deine emotionalen Ladungen zu erkennen und ihnen bewusstwerden. Dies ermöglicht dir mit deinem Limbi Kontakt aufzunehmen, um in deine innere Ruhe zu kommen. Ein "Meine Emotionen-Buch", kann dich dabei unterstützen, um nachhaltig für dich eine Veränderung herbeizuführen.

- Reflektiere wann deine Emotionen und Gefühle das letzte Mal hochgekocht sind?
- Versuche dich so genau wie möglich in diese Situation hineinzuversetzen, wie du dich gefühlt hast in diesem Moment.
- Woran hast du bemerkt, dass deine Emotionen besonders stark spürbar waren? Gab es spezielle Merkmale dafür?
- Was war der Auslöser?
- Hat dich der Auslöser an eine von dir schon selbst erfahrene Situation erinnert? Hat dich schon mal jemand so behandelt, reagiert oder mit dir gesprochen?

Notiere dir all deine Gedanken. Alles, was du in deinem Körper fühlst, und lasse es auf dich wirken.

Es kann sein, dass du alte Glaubensmuster von dir entdeckst, die noch nicht aufgearbeitet sind, vielleicht sind es ganz tief verborgene Erinnerungen, die hochkommen. Da würde ich dir empfehlen, baldmöglichst mit professioneller Begleitung diese Themen zu behandeln.

Es kann sein, dass du für dich jetzt einfach mal die Gedanken ordnen möchtest, alle weiteren Situationen mit mehr Bewusstsein wahrnimmst und im Hier und Jetzt zum Handeln bereit bist.
Es ist alles ok.

Selbsterfahrungen sammeln und Erkenntnisse dazu gewinnen, dich selbst zu reflektieren kann für dich ein wichtiger Schritt sein.

♡ Gedanken für mich ♡

- Ich darf zwischendurch ein Chaos im Kopf haben.
- Ich höre auf meine innere Stimme.
- Ich kann auf meine Gefühle vertrauen.
- Ich entscheide mich für das Richtige.

_____

_____

_____

_____

_____

W- Fragen für mich

- Wo finde ich meine Oase, damit ich in meine Ruhe kommen kann?
- Was tut mir gut, um mehr Klarheit in meinem Chaos zu bekommen?
- Welche Strategie ist für mich passend?
- Wen oder was hole ich mir zur Unterstützung?

_____

_____

_____

_____

_____

Hier kann ich schreiben, zeichnen, Kaffeespuren hinterlassen, Kussmünder drauf drücken, alles was ich gerade Lust habe...

_____

_____

_____

_____

_____

_____

_____

_____

Umgib dich mit Menschen, die dir wirklich wichtig sind und guttun.

Patricia Strahm

199 Luftballons...gelb, rot oder blau

Halte die Dinge und Menschen fest, die Dir guttun. Lasse alles andere los... ♡ß

Abb.13: "199 Luftballons"

Kennst du das Gefühl, wenn du dich mit Menschen gut fühlst, mit ihnen auf der gleichen Wellenlänge schwingst? Du eine angenehme Wärme spürst, die dich umgibt?

Dir Freude, Sicherheit, Geborgenheit, Vertrauen geben sowie ein gutes Bauchgefühl? Du deinen Job, dein Studium mit Herzblut und Passion ausüben kannst?

Nimm dies mit Dank und Liebe an, genieße all die Momente, die du so erleben wie auch leben kannst.

Demgegenüber können allerdings auch persönliche Themen, wie Beziehungen, Freundschaften, Suchtthemen sowohl berufliche Themen stehen, die dir körperlich, mental als auch seelisch schaden.

Teilweise können sich diese sehr subtil zeigen, so dass du in den ersten Momenten noch nicht einordnen kannst, woher manche Beschwerden ihren Ursprung haben.

Wie reagierst du da? Beziehungsweise welche Symptome zeigen sich? Was löst es bei dir an Emotionen aus? Kann es zeitweise sein, dass du versuchst diese zu unterdrücken, zu überspielen, womöglich auch zu kompensieren?

Vielleicht denkst du auch, ach, das kommt schon gut, mit dieser Freundschaft, Partnerschaft, Job oder auch Beziehungen zu Eltern oder Geschwister. Ich passe mich ein wenig den Gegebenheiten an oder ignoriere gewisse Bemerkungen.

Irgendwann wird aber der Zeitpunkt eintreffen, wo deine Balance so aus dem Gleichgewicht ist und es dich zwingt, auf irgendeine Art und Weise hinzuschauen und du überlegen solltest, welche Themen brennen, was du loslassen oder verändern darfst.

Loslassen heisst auch bereit sein, deine Komfortzone zu verlassen. Alles, was dir Sicherheit, (manchmal auch falsche Sicherheit) gibt, ebenso alte Gewohnheiten sowie Denkmuster, Bequemlichkeiten und "Aufschieberittis", soziale oder auch kulturelle Gepflogenheiten und Traditionen, die manchmal sehr tief sitzen können.

Es kann auch eine Unzufriedenheit in deinem Job sein, du aber Angst hast, dich auf eine neue Stelle zu bewerben.
Denkst du allenfalls, ich bin doch zu alt oder zu jung, habe nicht die nötigen Weiterbildungen, die Chancen stehen eh schlecht oder ich weiss gar nicht, wo ich anfangen soll?

Ja, solche Situationen können Stress, Unbehagen, Frust sowie Unsicherheiten auslösen. Dich in deiner Entwicklung bremsen oder zurückwerfen.

Ich würde mir nie anmassen zu sagen, das sei einfach, hier seine Komfortzone zu verlassen, denn für jeden Menschen ist seine Komfort- oder Sicherheitszone anders priorisiert.

Wenn du dir aber bewusstwerden kannst, welche Bereichen deines Lebens eine Veränderung benötigen und wo deine Komfortzonen liegen, kann dies dein erster Schritt sein in eine Veränderung.

Hast du dir schon einmal Gedanken gemacht über deine Komfortzonen?
Wie sehen die aus, wie gross sind sie?
Was vermittelt dir Sicherheit im Leben?
Ist diese Sicherheit echt oder steckt noch eine andere Motivation dahinter?
Willst du etwas verändern an deiner Situation?
Vor was hast du Angst? Respekt haben ist voll ok, wenn man den Schritt zu einer Veränderung beginnt.
Puuh, viele Fragen findest du auch? Bist du gerade wieder bei Kapitel "Chaos im Kopf" gelandet?

Kann ich nachvollziehen, denn dieser Schritt zum Loslassen, braucht Mut, Vertrauen und manchmal auch Fakten.

Denn, je nach Lebenssituation kann nicht jeder einfach seinen Job ins Blaue kündigen.

Oder umziehen, Beziehungen beenden, sein Leben von einem Tag auf den anderen auf den Kopf stellen.
Sich aus einem, wo möglichen finanziell abhängigen Familien Konstrukt lösen.

Was du aber machen kannst, ist ein großer Schritt in deinen Gedanken und kleine Schritte step by step im realen Leben.
Es kann unterstützend sein, diese Bereiche visuell festzuhalten, damit du einen Überblick gewinnst.

Denn du hast es verdient, das Leben zu leben, das dich glücklich als auch zufrieden, gelassen, liebend, vor Energie sprudelnd, macht.
Dich erfüllt, dich gesund bleiben lässt. Dir Ruhe und Energie schenken.
Du umgeben bist von Menschen und Lebensumständen, die dir Gutes tun sowie ein vertrautes als auch sicheres Gefühl vermitteln.

Input für Dich

"Komfortzonen Inseln"

Auf der nächsten Seite findest du vorgedruckte "Komfort Inseln." Diese kannst du beschriften, verändern, als Idee für dich kopieren.
Diese hier sind im Kleinformat.
Ich empfehle dir ein A3 oder sogar A2 Bogen Papier zu besorgen, auf denen du deine "Inseln" in "Gross" visualisieren kannst.

➤ **Zeichne deine Inseln ein, wie es für dich stimmt.**
Nimm dir Zeit dafür. Es müssen nicht nur deine im Moment
gewaltigsten oder herausforderndsten "Loslass-Stationen" sein.

➤ **Notiere dir die Prioritäten deiner Inseln. Welche für dich im**
Moment die Wichtigste ist die du angehen willst?
Stell dir die Fragen:

- **Was brauche ich, um hier meine Komfortzone zu verlassen?**
- **Hatte ich schon eine ähnliche Situation?**
- **Wenn ja, was hat mich unterstützt, um aus dieser Situation zu gelangen?**
- **Was für Ressourcen besitze ich im Hier und Jetzt, auf die ich zurückgreifen kann?**
- **Welche Sicherheiten brauche ich, um von dieser Insel zu kommen?**
- **Was heisst das Gefühl Sicherheit für mich?**
- **Wie soll es sein, wenn ich diese Insel verlasse?**
- **Wie fühlt es sich an, wenn ich in Gedanken schon am andern Ort bin?**

Dies sind einige Ansätze aus dem Coaching, die dir einen luftigen,
leichten Start ermöglichen sollen, damit du deine Komfortzonen
besser kennenlernst, sie wahrnimmst und dich mit ihnen
auseinandersetzen kannst.

Meine Komfortinseln

Meine Ressourcen

Meine Ressourcen

♡

Meine Ressourcen

♡

Meine Ressourcen

♡ Gedanken für mich ♡

- Ich darf loslassen lernen.
- Ich will mit den Menschen zusammen sein, die mich bereichern mit ihrer Art & Weise.
- Ich habe es verdient Sicherheit & Geborgenheit zu erfahren.

_____

_____

_____

_____

W- Fragen für mich

- Welche Menschen tun mir gut?
- Was gibt mir Sicherheit?
- Was kann ich für mich tun, wenn ich merke, dass eine Situation oder ein Mensch mir schadet?
- Wann oder wo war ich schon mutig?
- Was hat mich schon mal unterstützt, um einen mutigen Schritt zu machen?
- Wem kann ich vertrauen?

_____

_____

_____

_____

Hier kann ich schreiben, zeichnen, Kaffeespuren hinterlassen, Kussmünder drauf drücken, alles was ich gerade Lust habe...

Wenn es ein Löwenzahn durch den Asphalt schafft, dann wirst du auch einen Weg finden.

Unbekannt

Dein Leuchtturm

Auch wenn die See mal sehr stürmisch ist, ein Leuchtturm weist Dir immer den Weg!

Kann verschiedene Gestalten haben.

Abb.14:"Der Leuchtturm"

Gelegentlich fühlt es sich an, als sässest du auf einem Boot im Sturm.

Es kann heftig werden, dich teilweise orientierungslos werden lassen.

Es fühlt sich an als würde es dir den Magen umdrehen.

Du versuchst dich irgendwo festzuhalten, zu verbarrikadieren, dich in die hinterste Ecke des Schiffs zu verkriechen, um nicht über Bord zu fallen.

Ein Sturm kann Ängste wie auch Unbehagen auslösen.

Er kann dich andererseits auch wieder auf neuen Kurs bringen, der dich unbemerkt in eine neue Richtung segeln lässt.

Alle Seefahrer/innen orientieren sind immer an den wegweisenden Leuchttürmen mit ihren Lichtern an den Küsten.
Der Leuchtturm, der standhaft am Ufer steht, erhöht auf den Klippen. Der den rundum Blick hat, dir den Weg ausleuchtet und dir zudem wieder Orientierung als auch Halt geben kann.

Dieser Leuchtturm kann sich in deinem Leben symbolisch in verschiedenen Gestalten zeigen und so für dich da sein.
Halte Ausschau und versuche ins Vertrauen zu kommen.
Ein Leuchtturm kann darüber hinaus ein Ort sein, um Energie zu tanken, dich in die Ferne schweifen lässt, damit du deine Zukunftsvisionen sowie Pläne zu gestalten vermagst.

Wohin darf deine Reise dich führen, wo fängt der Horizont an und wo endet er?
Welche Abenteuer möchtest du noch erleben?
Was nimmst du mit auf deinen weiteren Reisen?
Dein Leuchtturm kann auch ein Ort der Reflektion sein deiner bisherigen Reisen...

Frag dich, was dich in anderen Situationen unterstützt hat, damit du ins Vertrauen kommen konntest?
Auf welche Ressourcen durftest du zurückgreifen?
Wer oder was war dein Leuchtturm in diesen Situationen als auch Momenten?
Schau in dich hinein, denn jeder Mensch hat seinen Leuchtturm auch in sich selbst.

 *Input für Dich*

Eine kleine Selbst-Meditation für dich.

Setze oder lege dich bequem irgendwo hin. Dies kann draussen in der Natur sein oder bei dir zu Hause. Wie auch auf dem Boden, Bett, Stuhl, Hocker oder ins Gras. Alles, was für dich stimmig ist. Wenn du möchtest, kannst du etwas zum Schreiben bereitlegen. Schliesse deine Augen und atme tief in deinen Bauch, ein und wieder aus. Spüre wie sich dein Körper entspannt, wie dein Atem in die Ruhe kommt, dein Herz ruhig in dir schlägt.

Wenn du bereit bist, in deine Gedankenwelt einzutauchen, nimm nochmals einen tiefen Atemzug.
Reise mit deinen Gedanken an einen Ort, an dem sich dein Boot befindet, auf dem du durch dein Leben fährst.
Es kann verschiedene Formen, Gestalten haben, so wie deine Gedanken es dir präsentieren.

Schau dich um, wo dein Boot ankert. Was nimmst du wahr, das Wetter, die Temperatur, die Umgebung, vielleicht die Menschen oder Tiere, die sich dort befinden, nimmst du bestimmte Gerüche wahr, wo bist du in diesem Bild?

Wenn du alle Puzzleteile geordnet hast, du dich sicher und parat fühlst, steige auf dein Boot, lichte die Anker, avisiere deine Mannschaft und stelle dich hinters Steuer.

Steure dein Boot gemächlich und mit ruhiger Hand aus dem Hafen, hinaus aufs offene Meer.

Spüre den Wind in deinen Haaren, die Sonnenstrahlen, die auf deiner Haut tanzen, die Gischt, die dir ins Gesicht spritzt, die Aufregung und Neugierde, die aufkommt bei dem Gedanken, wo dich deine Reise wohl hinführen wird.

Welche Abenteuer du erleben könntest, welche Begegnungen du erfahren wirst. Dies ist deine Zukunft, deine Entscheidungen, deine Fahrt.

Wenn du dein Leben mit den ruhigen, wunderschönen und erlebnisreichen Momenten jetzt auf deiner Bootsfahrt erlebst, was gibt es dir für ein Gefühl?

Spürst du etwas in/an deinem Körper?

Lass deine Gedanken frei und tauche in deine Lebensgeschichte ein. Durchlebe deine Geschichte als würdest du mit deinem Boot hindurchfahren.

Lass dir Zeit, höre tief in dich hinein, spüre deinen Atem, atme gleichmässig und sanft.

Lass deine Gedanken in die Ruhe kommen, wirf über Bord was du nicht mehr benötigst oder du für den Moment nicht brauchst. Fühle in dich hinein, lass die Bilder zu, die dir erscheinen oder hochkommen, lasse sie auf dich wirken.

Wenn du bereit bist, mit deinem Boot wieder Richtung Küste oder zu deinem Leuchtturm zu fahren, atme ein paar Mal tief ein und aus.

Du darfst in deinen Gedanken innehalten und dir genügend Zeit und Raum schenken, um das Erlebte zu reflektieren.

Auf die nächsten Fragen, die ich dir mit auf den Weg gebe, kannst du frei antworten und entscheiden, welchen du mehr Gehör entgegenbringen willst, welche für dich von Wichtigkeit sind oder welche einfach an dir vorüberziehen dürfen.

♡ In welchen Gewässern hast du dich sicher gefühlt?
Warst du allein unterwegs, hattest du Begleitung?

Hast du auch mal Inseln angefahren, bei denen du gemerkt hast, Shit, hier will ich so schnell wie möglich weg?
♡ Wo gab es Stürme, an welchen Orten konntest du den Anker setzen?

♡ Gab es riskante, gefährliche Seegänge?
Sind dir Leuchttürme begegnet und was für eine Bedeutung haben sie für dich?

♡ Was hat dir Licht gegeben in den dunklen, stürmischen Zeiten?
Auf was konntest du dich bei dir selbst am meisten verlassen?

♡ Welche Massnahmen hast du getroffen, um in eine ruhigere See zu segeln?
Gab es jemanden an deiner Seite, der dich unterstützt hat?
Wie hast du dich gefühlt, nachdem der Sturm vorüber war?

Lass dir die Zeit, die du brauchst, um eine erste Reflexion zu erlangen.

Bist du angekommen, nimm noch ein paar tiefe Atemzüge, spüre jede Faser deines Körpers und wenn du bereit bist, öffne deine Augen und komme im Hier und Jetzt an.

Wenn du möchtest, lade ich dich ein, deine Gedanken, Gefühle und Erkenntnisse zu notieren. Für dich als Anker, Leuchtturm, der dich auf deiner weiteren Reise begleitet.

PS: Nimm mit mir Kontakt auf und ich werde dir eine Audiodatei mit der gesprochenen Meditation zusenden.

♡ Gedanken für mich ♡

- Ich habe Vertrauen in mich und mein Schiff.
- Ich sehe das Licht des Leuchtturmes, das meinen Weg erhellt.
- Ich bin der Kapitän meines Schiffes.
- Ich behalte auch im Sturm den Überblick.
- Ich darf meine Emotionen zulassen, ohne mich zu verurteilen.

_____

_____

_____

_____

W- Fragen für mich

- Wie machen sich meine Emotionen bei mir bemerkbar?
- Welche Emotionen sind bei mir immer wieder an vorderster Front?
- Wo steht mein Leuchtturm?
- Was gibt mir Halt und Vertrauen in schwierigen Situationen oder Themen?
- Was brauche ich noch, um mit meinen Emotionen besser umgehen zu können?

_____

_____

_____

_____

Hier kann ich schreiben, zeichnen, Kaffeespuren hinterlassen, Kussmünder drauf drücken, alles was ich gerade Lust habe...

_____

_____

_____

_____

_____

_____

_____

Der erste Schritt, step by step...

Ja, dieser erste mutige
Schritt zur Veränderung
ist scheisse schwer...

... aber es lohnt sich!

Abb.15:"Der erste Schritt"

Wenn du in deinem Leben an einem Punkt stehst, bei dem du eine Entscheidung treffen willst, braucht es diesen ersten mutigen Schritt. Dieser Entscheid kann Schnappatmung auslösen. Kommt dir das bekannt vor?

Ja, es gibt Entscheidungen, die sich anfühlen, als ob man Schuhe tragen würde die 10 Nummern zu gross sind.
Hast du dies auch schon erlebt?
Es fühlt sich an als hingen zwei Betonklötze an deinen Beinen und deine Schnürsenkel, die sich immer wieder verheddern.
Ruft dies Erinnerungen wach bei dir?

Wenn ja, ist es an der Zeit dich zu fragen, wie schaffe ich es, in ein Vertrauen als auch Leichtigkeit zu gelangen, die es dir ermöglichen tief Atem zu holen, um diesen ersten Schritt zu gehen.

Eventuell benötigst du eine eigene Strategie als auch Unterstützung in diesen Momenten. Es ist denkbar, dass du dich fragst, was habe ich schon alles in mir, auf das ich mich verlassen wie auch vertrauen kann?
Eine Frage, die du dir stellen kannst:

"Wenn ich diesen Schritt jetzt gehe, was wäre das Schlimmste, das geschehen könnte?"

Eine Generallösung gibt es nicht, eventuell aber ein paar Schritte, die dich unterstützen können.
Ein Beispiel für dich.

Kein Kind würde laufen lernen, wenn es wüsste, wie scheisse schwer das ist, wie viele blaue Flecken und blutende Knie es sich dabei holt. Wie viele Male der kleine Wonneproppen beachtlich viele Versuche startet, um endlich von A nach B zu gelangen.

Wie schaffen das die Kleinkinder?
Sie wollen es ohne Wenn und Aber, folgen ihrem Instinkt, ihrem Willen und sie vertrauen, dass es irgendwann funktionieren wird.
Denn Kinder leben in und mit ihrem inneren Kompass.
Leider verlieren wir den als Erwachsener teilweise aus den Augen.
Wir dürfen lernen mit kleinen Schritten zu gehen, unser Vertrauen aufzubauen, damit die Fortschritte und Resultate nachhaltig bei uns ankommen.

So können auch deine Erinnerungen an alle mutigen Schritte, die du in deinem Leben schon geschafft hast, ein Mutmacher sein.

Input für Dich

Klein anfangen

Es können die kleinen Dinge sein, die dich in die Veränderung bringen. Ein neues Morgenritual einführen, die Treppen hochsteigen, anstatt Lift zu fahren.
Dir jeden Tag eine persönliche liebevolle Notiz an den Spiegelschrank hängen, um dein Selbstbewusstsein zu stärken.
Für ein Jahr jeden Monat 50.- Fr. in ein Couvert stecken, damit du dir deinen schon langen geplanten Sprachkurs finanzieren kannst.
Beginne Schritt für Schritt, dir neue Gewohnheiten in den Tag einzubauen.

Mut aufbauen, damit du siehst, was du schon alles kannst und hast

Was hast du schon alles erreicht in deinem Leben? Was hat dich zu diesem Resultat oder Leistung gebracht? Wie hast du dich gefühlt? Welche Fähigkeiten hast du dir schon angeeignet? In welchen Bereichen deines Lebens fühlst du dich sicher? Welche Ziele hast du schon realisiert?

Was wäre, wenn du schon dort ständest, wo du gerne hinmöchtest?

Mach dir ein Bild von deinem Thema, die in deinem Kopf umherschwirren. Stelle dir vor, wie es sein wird, wenn du den Schritt gemacht hast und wie du dich dabei fühlst. Und wie es sich anfühlt, wenn du deine Etappe oder Ziel erreicht hast. Feiere dich dafür!

Hilfe annehmen

Hol dir Unterstützung, wenn du feststeckst. Bitte deine Freunde, Familie oder auch Berufskollegen, dir zur Seite zu stehen.
Sie sollen dir keine fixfertigen Lösungen auf dem Silbertablett servieren, sondern motivieren und unterstützen. Ansonsten kann dies auch eine neutrale Person (Mentor, Lehrer usw.) übernehmen. Du musst nicht alles allein bewältigen.

 *Input für dich*

"Dein Ressourcen Rad"

Ein Lebens,-Ressourcen,- Prioritäten,- Bedürfnis-Rad kann so viele Teile beinhalten wie du gerne möchtest. Ob 4,8,16,32, 64... Teile ist dir freigestellt. Das Rad kann auch entstehen und weiterwachsen so wie es für dich stimmig ist.
Du findest auf der nächsten Seite eine Vorlage.

➤ **In den obersten Rand (hellgrau) kannst du deine Ressourcen, Bedürfnisse, deine Aufgabenbereiche wie auch deine Gefühle eintragen.**

➤ **In den einzelnen kleinen Feldern (1-10), kannst du für dich bestimmen, wie viel in den einzelnen Bereichen bereits abgedeckt ist.**

➤ **Male diese farbig aus oder setze Zahlen ein. Was für dich stimmt.**

Schaue es als ersten mutigen Schritt an, um Veränderungen in dein Leben einzulassen, zu sehen wo du stehst, in welchen Bereichen du gerne mehr möchtest.
Was du alles schon in und bei dir hast.
Wo du für dich Prioritäten setzen willst.
Du kannst dir auch separat Notizen machen, damit du immer wieder darauf zurückgreifen kannst.

 Wähle für dich einen Bereich aus, den du angehen oder verändern möchtest. Es muss nicht immer alles auf einmal geschehen, denn die anderen Bereiche werden sich automatisch verändern, wenn du ins Tun kommst.

Dein Ressourcenrad [8]

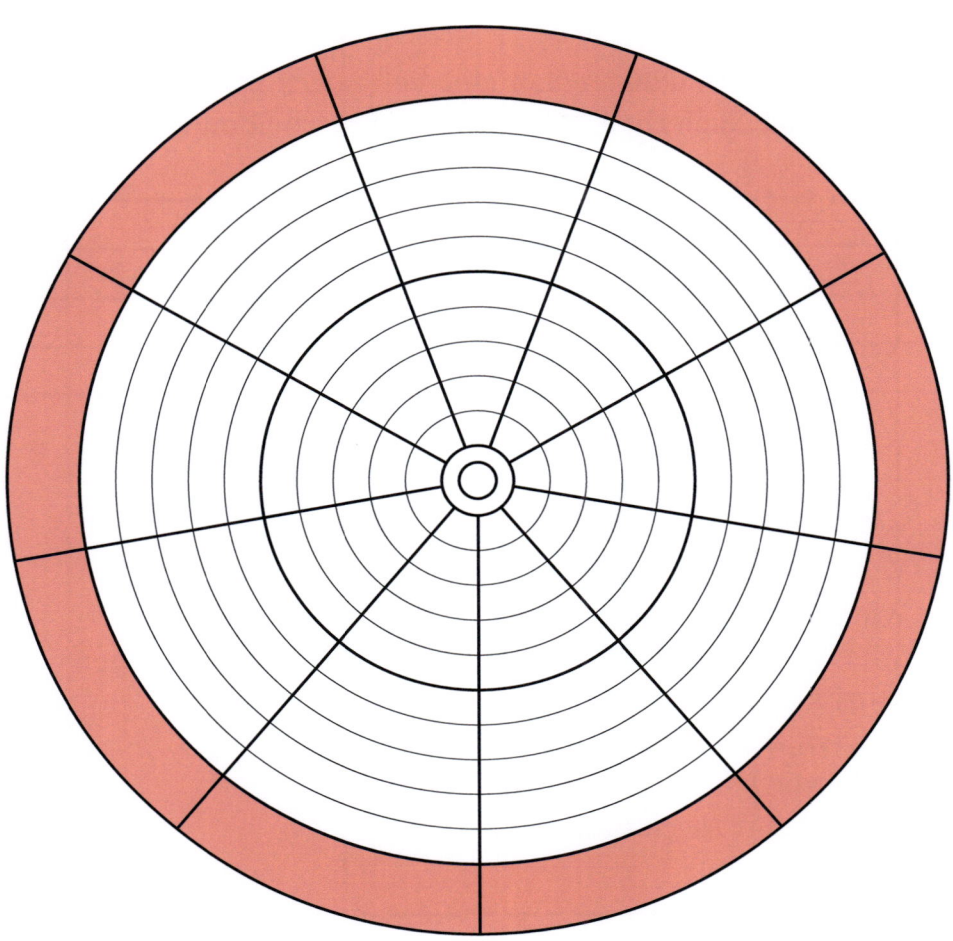

♡ Gedanken für mich ♡

- Ich gehe einen Schritt nach dem andern in die Veränderung.
- Ich bin mutig.
- Ich darf mir Gedanken über eine Veränderung machen.
- Ich strahle Sicherheit aus in meinen Entscheidungen.

_____

_____

_____

_____

W- Fragen für mich

- Was brauche ich, um mich sicher zu fühlen?
- Wie wichtig ist es mir, was andere von mir denken?
- Mit was wurde ich schon belohnt, wenn ich einen mutigen Schritt gegangen bin?
- Was hat sich verändert als ich mutig war?
- Wen kann ich um Unterstützung bitten?
- Was für eine Angst fühle, spüre ich?

_____

_____

_____

_____

Hier kann ich schreiben, zeichnen, Kaffeespuren hinterlassen, Kussmünder drauf drücken, alles was ich gerade Lust habe...

Sei stolz auf dich! Keiner weiss, wie viel Tränen, Mut, Kraft und Vertrauen es dich gekostet hat, dort zu stehen, wo du heute & jetzt bist.

Unbekannt

Die Wunde

Abb. 17:"Die Wunde"

Angenommen du musst eine Wunde nochmals öffnen, kann dies verdammt weh tun. Sitzt diese zudem tief, kann es sein, dass du diesen Schmerz nochmals mit voller Wucht spürst, wie auch fühlst.

Gewisse Wunden können mit wenig Aufwand heilen, da reicht schon ein Pflaster. Andere hingegen bluten stetig weiter, es ist denkbar, dass die Wunde wieder aufgeht, obwohl du dachtest sie sei verheilt.
Diese Wunden können dich in unterschiedlichen Bereichen deines Lebens wieder negativ beeinflussen.
Hier kann es an der Zeit sein, dass du diese Wunden nochmals genauer anschaust.

Was sind die Gründe, weshalb sie nie richtig verheilt sind? Wie beeinflussen sie dein Leben?

Sie nochmals zu öffnen, zu säubern, sie richtig zu verschliessen und anschliessend zu pflegen, ist ein wichtiger Prozess, damit sie verheilen können.

Eine Möglichkeit ist, dir jemanden zur Seite zu stellen, der dich professionell unterstützt, wenn du spürst, dass deine Wunden tief sind. Denn ein umfangreicher Teil davon könnten tief in deinem Unterbewusstsein abgespeichert sein.

Dies kann im ersten Moment ein Verweigern deinerseits hervorrufen, um dem Schmerz keinen Zugang zu gewähren. Schönreden oder einreden, es sei halb so wild, zählt auch zu diesen Strategien.
Siehe Abb.6: Der Wendepunkt, S.19

Ein Hauptteil dieser tiefen Wunden, die du nochmals öffnest, kann aus dem Ursprung deiner Kindheit wie auch Jugend hergehen. Andere wiederum sind dir im alltäglichen Leben zugefügt worden.

Es braucht Mut, sich alten Verletzungen, Traumata gegenüberzustellen.
Wenn du bereit bist in deine Themen einzutauchen, deinen Wunden Zeit und Raum zu bieten, mit dir in einen inneren Dialog zu treten sowie an den Themen zu arbeiten, besteht die Möglichkeit, dass du sehr viel in dir wie auch mit dir verändern kannst.

Glaube mir, ich kenne diese Situationen und möchte dich ermutigen, es zuzulassen und dich einzulassen auf deine Wunden, damit sie heilen können.

Denn, wenn du den Zugang wieder öffnen kannst, wirst du spüren, wahrnehmen, fühlen, erkennen, wie wichtig sowie wertvoll die Heilung sein wird.
Damit du Platz schaffen kannst für tiefe Selbstliebe. Gutes für deine Seele, dein Herz und deinen Geist bringen wirst.
Du wirst dich mit deinem inneren Dialog beschäftigen, entwickelst deine Resilienz und Vertrauen, das dich auf deinem weiteren Lebensweg begleiten wird.
Ein Prozess, den du selbst bestimmst, wenn du dazu bereit bist.

Auch wenn es nie mehr so sein wird wie vorher, kann etwas Neues, Wundervolles entstehen. Es muss nicht besser sein, einfach anders!

 *Input für dich*

KINTUSUGI [9]

Eine alte japanische Tradition mit buddhistischem Hintergrund. Kintusugi bedeutet " Reparieren mit Gold".
Fehlende Scherben werden mit Urushi Knetmasse ergänzt und mit Blattgold verschönert. Es heisst auch, den Makel hervorheben zu wollen.

Es ist Sinnbild für eine Wunde, die wieder heilt. Die Narben bleiben sichtbar für dich. Du darfst sie annehmen, verändern und auch mit Stolz tragen. Sie sind ein Teil von dir, der dich ausmacht als Mensch. Unperfekt, perfekt eben.

Was brauchst du alles:

- Altes Porzellan
- Behälter für Kleber und Farbe
- Holzzahnstocher und Pinsel
- 2 Komponenten Kleber
- Gold, Silber Farbe
- Blattgold, Blattsilber

9 Quelle: www.kintusugi.com

➤ Wenn du deine Schüssel, Krug oder Teller in die Tüte steckst, um sie darin gleich in Teile zu zerschlagen, dann stell dir eine Wunde oder Verletzung aus deinem Leben vor.

➤ Verinnerliche dir deinen Schmerz, den du in dieser Situation gefühlt hast.

➤ Wenn du bereit bist, kannst du dein Porzellan mit Kraft, aber auch mit Sanftheit zerschlagen. Sei dies mit einem Hammer oder in dem du den Sack auf den Boden schlägst.

➤ Achte auch in diesem Moment auf deine Gefühle oder Emotionen, die dich begleiten. Wenn du weinen musst, weine, wenn du lachen musst, lache, wenn dir nach schreien zumute ist, schreie. Lass alles raus, was raus soll, muss oder will.

➤ Nimm dir die Zeit, um diese Tasche wieder zu öffnen wie auch alle zerbrochenen Teile anzuschauen. Nutze dein Bewusstsein, um dich zu fragen, wie es dir dabei geht.

➤ Anschliessend kannst du deine Teile auf deiner Arbeitsfläche ausbreiten, sortieren und betrachten, welche Teile zusammengehören. Je mehr Teile desto kniffliger wird das Zusammensetzen sein.
Ein Stück Seelenarbeit als auch Wundheilung.

➤ Du kannst jetzt, wenn du es nicht schon vorgängig gemacht hast, den 2- Komponentenkleber, die Gold oder Silber Farbe bereit stellen. Ich würde dir empfehlen, den Klebstoff in kleinen Portionen anzurühren, da er ansonsten sehr schnell austrocknet.

➤ Wenn du Farbe einsetzt, kannst du sie direkt mit dem Klebstoff vermischen. Bei der Arbeit mit Blattgold musst du erst den Kleber auftragen, die Teile verkleben und solange der Kleber noch leicht feucht ist, das Blattgold vorsichtig mit einem Pinsel auftragen und verwischen.

➤ Nimm dir genügend Zeit für die Arbeit am Objekt, aber auch für deine emotionalen Momente. Es kann ein Stück Seelenarbeit sein, welche dich länger begleiten wird.

➤ Eventuell wirst du deine Vase oder deinen Teller noch nicht annehmen können? Es kann auch dein Bedürfnis sein, ihn wegzuwerfen, weil du ihn nicht perfekt findest.
Oder du zwischenlagerst deine Tasse irgendwo.

Womöglich bist du so im Flow, dass deine halbe Küche mit Kintusugi neu designt wird. Alles ist möglich, alles ist richtig.

Was es aber sicher wird, etwas verändern, in dir. Das verspreche ich dir.

Die Narbe

Abb. 18:" Die Narbe"

Die Wunden können und werden verheilen, was bleibt ist eine Narbe. Diese Narben werden immer ein Teil von dir sein. Manche verbleichen mit der Zeit, andere erinnern dich in künftigen Momenten als auch Situationen daran, wie weit dein Weg der Heilung stattgefunden hat oder noch im Prozess ist.
Deine Narben werden auch von aussen wahrgenommen. Du entscheidest mit wem du deine Gedanken und Geschichten dazu teilen möchtest beziehungsweise kannst.

Wie die Wunde selbst, benötigen auch die Narben deine Aufmerksamkeit, Liebe, Akzeptanz wie auch Pflege. Du darfst sie wie eine Narbe die äusserlich sichtbar ist, mit der bestmöglichen Unterstützung versorgen.

 *Input für dich*

Ich werde es dir nicht schönreden. Es ist ein langer Prozess, deine Wunden als auch Narben anzunehmen, zu heilen und sie zu pflegen.
Stell dir vor, du lebst seit Jahrzehnten mit einer Wunde und du bist irgendwann in deinem Leben bereit dazu, diese Wunde zu heilen. Du musst von dir nicht erwarten, dass sich dieser Heilungsprozess innerhalb von ein paar Wochen oder Monate vollzieht.

Es wird dir viel abverlangen, du musst bereit sein, dich mit deinen Themen auseinandersetzen zu wollen. Bereit sein, deine Zeit sowie Geduld zu investieren. Lernen mit Liebe, Mut wie auch Offenheit deinen Themen zu begegnen und dir lernen zu vertrauen.

Damit du mit Akzeptanz, Wohlwollen, Selbstreflektion, Selbstliebe, Selbstvertrauen und Selbstbewusstsein, irgendwann den Punkt erreichen wirst, bei dem du ganz tief in deinem innersten Kern deiner Seele und deinem Herzen spürst und wahrnimmst:
"Es ist alles gut. Meine Narbe darf eine Erinnerung bleiben, sie ist ein Teil von mir, ich anerkenne sie und mich mit Liebe."

Anmerkung

Ich schreibe hier bewusst von den inneren Wunden und Narben.
Möchte aber anmerken, dass auch die sichtbaren Wunden und Narben
im Aussen tiefen Traumas auslösen können. Wie auch Glaubensmuster
sowie Glaubenssätze entstehen lassen können, die sich tief in der Seele
verankern.

Ich möchte mir niemals anmassen, mich zu äussern oder versuchen
nachzuvollziehen, wie es sein muss, zu lernen sowie zu akzeptieren mit
sichtbaren Narben oder Wunden am Körper umzugehen und mit ihnen
zu leben. Ich habe die grösste Achtung vor allen Menschen, die mit
dieser zusätzlichen Herausforderung durchs Leben gehen. Jeder der
mich persönlich kennt weiss, weshalb ich das hier schreibe. In tiefer
Liebe für H.P.

- Ich nehme meine Verletzungen mit Liebe an.
- Ich pflege meine Verletzungen.
- Ich darf verletzlich sein.
- Meine Narben sind ein Teil von mir, der mich zu dem Menschen gemacht hat, der ich heute bin.
- Ich schenke mir viel Selbstliebe, um meine Narben zu pflegen.

_____

_____

_____

_____

W- Fragen für mich

- Was für Wunden oder Verletzungen brauchen noch Heilung?
- Wie kann ich meine Wunden heilen?
- Wen kann ich um Unterstützung bitten?
- Wo sind meine Verletzungen?
- Weshalb möchte ich sie heilen?
- Was für Ressourcen habe ich, um meine Wunden zu heilen?
- Was brauche ich, um meine Narben zu pflegen?
- Wie erlebe ich mein persönliches Wachstum?
- Wen brauche ich für meine Narben-Pflege?
- Wo sind meine tiefsten Narben?
- Womit schenke ich mir die nötige Selbstakzeptanz für meine Narben?

_____

_____

_____

_____

_____

_____

Hier kann ich schreiben, zeichnen, Kaffeespuren hinterlassen, Kussmünder drauf drücken, alles was ich gerade Lust habe...

*Wunden heilen,
Narben sind die
Erinnerung.*

Patricia Strahm

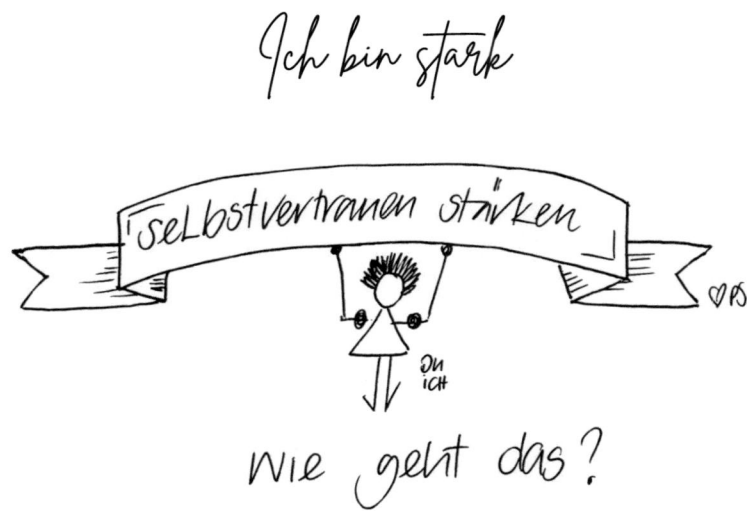

Abb. 19:"Selbstvertrauen"

Selbstvertrauen stärken- traust du dir selbst?

Selbstvertrauen bedeutet dir selbst zu vertrauen. Dir etwas zuzutrauen. Dich zu trauen Entscheidungen zu treffen, Veränderungen herbeizuführen, auf die Bühne zu stehen, im Hochzeitskleid zum Bäcker zu spazieren, über deinen Schatten zu springen, etwas Neues zu wagen oder endlich du zu sein.

Ein gesundes Selbstvertrauen hat viel mit deinen Prägungen sowie Erfahrungen aus deiner Kindheit zu tun.
Aus diesen entstehen deine Glaubensmuster und Glaubenssätze. In diesen Jahren wird ein überdurchschnittlicher Teil deines Selbstvertrauens aufgebaut und innerlich verankert.
Sowie dein Selbstbewusstsein als auch deine Selbstliebe.

Alle deine positiven Erfahrungen, in denen dir Vertrauen entgegengebracht wurde, du anderen Menschen vertrauen konntest wurde dein Vertrauen in dich selbst gestärkt.
Dein Selbstvertrauen von deinen erfüllten Bedürfnissen beeinflusst. Vertrauen hat zudem mit einem Stück Sicherheit zu tun.

Denn sofern Du dich sicher fühlst, vertraust du auch. Sei dies in zwischenmenschlichen Beziehungen, in der Verbindung mit dir selbst sowie in täglichen Strukturen deines Lebens. Es ist wie ein Kreislauf, der sich wiederholt.

Andererseits wurde dein Urvertrauen massiv erschüttert, falls du schon früh in deinem Leben, negative, sabotierende Erfahrungen erleben musstest; sei dies, nicht wahrgenommene und respektierte Bedürfnisse, sowie unterdrückte Emotionen.

Es wird dir dennoch möglich sein, einen Teil dieses Urvertrauen zurückzugewinnen, mit intensiver Arbeit an dir selbst. Du hast die Wahl, deine Glaubensmuster aufzudecken, ihnen auf den Grund zu gehen und sie Schritt für Schritt in positive umzuwandeln, um dein Selbstvertrauen zu stärken, sowie der Welt da draussen zu zeigen: "Ich schaffe das!".

Input für dich

In welchen Momenten oder Zeiten deines Lebens, warst du
mutig? Erinnere dich zurück an Situationen, in denen du Mut
bewiesen hast.
Schreibe dir alle deine Erinnerungen auf.
Es spielt keine Rolle, wann das war oder in welcher Situation.
Kannst du dich zum Beispiel noch daran erinnern, wie es war, als
du das erste Mal ohne Stützräder am Fahrrad unterwegs warst
oder an den ersten Schultag?

Versuche in deinen Erinnerungen so weit wie möglich
zurückzugehen. Wenn du alles aufgeschrieben hast, fühle dich in
diese Situation(en) hinein. Wo spürst du etwas in/an deinem
Körper, welche Gedanken, Emotionen kommen hoch? Schreibe
dir dies alles auf, verinnerliche dir all diese Punkte.

Du kannst sie auch schriftlich festhalten als Mind-Map, Tabelle,
sie zeichnen oder malen, vielleicht hast du ein Bild oder
Gegenstand, die du mit all diesen Punkten und Situationen
verbindest. Stelle deine persönliche Erinnerungsbox zusammen,
auf die du jederzeit zurückgreifen kannst, um dich daran zu
erinnern, wie viele Male du schon Selbstvertrauen hattest in
deinem Leben.
So kannst du jedes Mal ein Stück mehr Leichtigkeit, Klarheit und
Stärke in deinem Thema erlangen. Vertraue auf deine Intuition,
vertraue auf dein Wissen, vertraue auf deine Erfahrungen,
vertraue auf dich, es wird dich stärken!

Abb. 20:"Selbstbewusstsein"

Selbstvertrauen schaffen - Sich seiner bewusst sein

Was ist ein gesundes Selbstbewusstsein und wie kann ich mir dieses erschaffen?

Selbstbewusstsein kommt von: Sich seiner bewusst sein. Von seinen Vorzügen, seinen Talenten, seinem Können, seinen Ressourcen oder deren Wirkung. Jedes Ziel, das du in deinem Leben erreicht hast, stärkt dein Selbstbewusstsein. Dies können auch kleine erreichte Visionen sein.

Im Übrigen ist auch hier der Ursprung deiner Kindheit massgebend beteiligt an der Entwicklung deines Selbstbewusstseins.

Als Mensch gibt es verschiedene mögliche Aspekte, denen du mit Bewusstsein begegnen kannst, um ein gesundes Selbstbewusstsein aufzubauen und wachsen zu lassen.

Die Gratwanderung kann sein, zwischen selbstbewusst sein und "zu selbstbewusst" die Balance zu finden. Denn ansonsten kann schnell mal der Stempel "überheblich, eingebildet, zu sehr von sich überzeugt sein" aufgedrückt werden.

Wie das Sprichwort sagt:

"Ein gesundes Selbstbewusstsein ist einer der Schlüssel zu dir selbst".

Ein Beispiel für dich, um aufzuzeigen wie sich das Selbstbewusstsein eines Menschen unterschiedlich entwickeln kann.

Zwei Jungs haben den Traum eines Tages Pilot zu werden. Beide lieben es in der Freizeit mit ihren selbstgebastelten Fliegern zu spielen. Sie tüfteln, berechnen, bauen ihre Flieger mit viel Herzblut.

Einer der Jungs hat Eltern, die ihn mit viel Zuspruch und Motivation unterstützen, in seinen Träumen.
Er ist zwar noch ein kleiner Junge, seine Pläne werden sich in zehn Jahren vielleicht anderes anhören. Trotzdem werden seine Bedürfnisse wahrgenommen, er wird gestärkt, seine Gedanken erhalten ein gesundes Mind-Set.
Dies ist ein wichtiger Grundstein für sein Selbstvertrauen in seinem weiteren Leben.

Der andere Junge muss leider erfahren was es heisst, kleingemacht und für seine Träume belächelt zu werden. Eltern, die ihm mitteilen er sei zu unsportlich, um Pilot zu werden, dass seine schulischen Leistungen in der 3. Klasse nicht genügen würden, dass dies nur ein Luftschloss sei, unerreichbar für ihn. Sie ihn auslachen, wenn einer der Flieger eine Bruchlandung hinlegt.

Was denkst du wie sich dieser kleine Junge gefühlt haben muss? Seine Bedürfnisse wurden ignoriert, er wurde klein gemacht und sehr verletzt. Wie sollte er ein gesundes Selbstvertrauen aufbauen, wenn er das Gefühl in sich hat, "Ich genüge nicht, ich kann das nie erreichen". Ihm wurde kein Vertrauen geschenkt und so konnte er auch keins für sich aufbauen.

Zwei Jungen mit der gleichen Ausgangslage, aber mit unterschiedlichen Erfahrungen und Prägungen. Beide werden beeinflusst von Aussen und ihr Selbstvertrauen, wie auch ihr Selbstbewusstsein, werden sich auf ihr späteres Leben auswirken.

Wie sich beide schlussendliche entwickeln, sind selbstverständlich noch viele andere Faktoren von Bedeutung. Zum Beispiel der Wille und Ehrgeiz den ein Mensch entwickeln kann. Sei dies durch die Unterstützung von Mentoren/Mentorinnen in unterschiedlichen Bereichen, Lehrer/innen, Freunde oder Sport Coaches, die einen grossen positiven Einfluss haben können.

Für mich persönlich ein Beispiel von Vielen, welchen Einfluss sowie Verantwortung Eltern, Erziehungsberechtigte, Betreuer/innen oder Menschen aus dem nahen Umfeld für die Kinder haben.
Denn jedes Kind das auf die Welt kommt, ist in den ersten Jahren abhängig und angewiesen auf diese Menschen ob es will oder nicht.
Was für einen Einfluss dies auf das weitere Leben, die mentale und körperliche Gesundheit, sowie das Handeln und Fühlen haben kann, ist enorm.
Wenn Sicherheit, Unterstützung wie auch Liebe, Zuspruch und Mut machen fehlen.

Wir waren alle einmal Kinder und haben vielleicht selbst Kinder.

Als Anmerkung möchte ich noch anfügen, dass es selbstverständlich auch sein kann, dass Menschen, die in ihrer Kindheit, nicht unterstützt, gesehen oder wahrgenommen wurden, selbst eine Stärke und Wille und Resilienz entwickeln können, um ihre Visionen und Ziele zu erreichen.

Die Krux ist nur, dass die Prägung und Erfahrung trotzdem tief verankert wurde und daraus nachhaltige Glaubensmuster und Glaubenssätze entstanden sind.

Auch mit diesen kann aber der Mensch im erwachsenen Alter arbeiten, sie zu Vorschein bringen und diese auch heilen und loslassen.

 *Input für dich*

- Akzeptiere dich so wie du bist, nimm dich an, wie du bist.
- Schenke dir selbst und auch andern Menschen Komplimente.
- Und du darfst sie auch annehmen von andern.
- Setze dir realistische Ziele, es können auch kleine Ziele sein.
- Denn jedes erreichte Ziel ist wie ein Booster für dich.
- Klopf dir auf die Schulter und sag dir, gut gemacht.
- Sorge dich gut um dich.
- Versuche Kritik anzunehmen, weite deinen Blickwinkel auch für andere Meinungen.
- Sei dankbar, für das du dankbar sein möchtest.
- Als schöne Unterstützung kannst du ein Dankbarkeitstagebuch führen. Jeden Abend oder Morgen drei Sätze.
- Auch 3 Post-it mit Dankbarkeitssätzen an deinen Badezimmer Spiegel kleben.
- Versuche es und schau was sich bei dir verändert.

Hier kann ich schreiben, zeichnen, Kaffeespuren hinterlassen, Kussmünder drauf drücken, alles was ich gerade Lust habe...

_____

_____

_____

_____

_____

_____

_____

Ich liebe mich

Selbstliebe erfahren - Sich selbst lieben

Selbstliebe ist ein wundervolles Geschenk an dich. Denn du bist dir am nächsten. Du solltest dich am besten kennen. Du bist der Mensch, der all deine Erfahrungen in und mit sich trägt.
Der den inneren Kompass spüren sollte, falls sich in dir etwas verändert. Du bist der Mensch, der sich selbst Grenzen setzen kann, in Themen, die dich beeinflussen wollen.

Eine Vielzahl an Menschen suchen die Liebe im Aussen. Von ihren Partnern, Kindern, Eltern, Freundinnen oder Freunden. Darüber hinaus wird die Liebe in vielen Bereichen mit Anerkennung, Erfolg und gesehen werden verglichen.

Dass man geliebt werden möchte von anderen Menschen, ist ein Grundbedürfnis, das der Mensch zum (Über-)Leben braucht.
Gerade Babys, die aus purer Liebe und Emotion bestehen, keine Liebe oder Berührungen erhalten, sterben im schlimmsten Fall.

Ansonsten tragen sie tief gehenden Traumas auf ihrem Lebensweg weiter. Man weiss heute, dass Kinder, die vernachlässigt wurden, psychisch und physisch, als Erwachsene mehr Schwierigkeiten haben, eine liebevolle Beziehung zu sich selbst aufzubauen.
Wenn es dir gelingt alte Verletzungen zu heilen, die dich hindern, dich anzunehmen und zu lieben wie du bist, ist dies ein grosser Schritt auf deinem Weg der Persönlichkeitsentwicklung.

Es gibt Wege und Möglichkeiten, wie wir Menschen lernen können uns selbst zu lieben, zu respektieren, zu akzeptieren wie auch wieder zu spüren. Tiefgreifende Themen bedarf auf jeden Fall professionelle Unterstützung.

Im kleinen kannst du für dich beginnen mit

- Auf deine innere Stimme zu hören.
- Mit welchen Menschen du Zeit verbringen und deine Energie teilen möchtest.
- Alles, was dich nährt und dir positives Bewusstsein schenkt.
- Dich geistig wie auch körperlich abzugrenzen.
- Versuchen in kleinen Schritten bewusst und sorgsam mit deinem Körper umzugehen.
- Deinen Geist füttern, mit Themen die dich interessieren und weiter wachsen lassen.
- Für dich einstehen in Situationen, in denen Ungerechtigkeiten mitschwingen.
- Versuchen deine Bedürfnisse zu entdecken, diese kommunizieren, sowie sie dir selbst erfüllen.

Erkennen deiner Bedürfnisse, Ideenentwicklung und Erfüllung:
Erstelle eine Liste deiner Bedürfnisse, setze deinen
Erfüllungsgrad fest, überlege, welche Möglichkeiten du hast,
damit du dir dein Bedürfnis erfüllen kannst.

Bedürfnis-Erfüllungs-Analyse [10]

Ein Beispiel eine Bedürfnis Erfüllung Analyse für dich

Abb.22: Bedürfnis-Erfüllungs-Analyse   10 Quelle: Living Sense Script Integral Coach CIS

Bedürfnis

Erfüllungsgrad

Möglichkeiten

Notizen

Bedürfnis

Erfüllungsgrad

Möglichkeiten

Notizen

Bedürfnis

Erfüllungsgrad

Möglichkeiten

Notizen

Bedürfnis

Erfüllungsgrad

Möglichkeiten

Notizen

Deine Selbsteinschätzung-Analyse[11]

Ist-Zustand

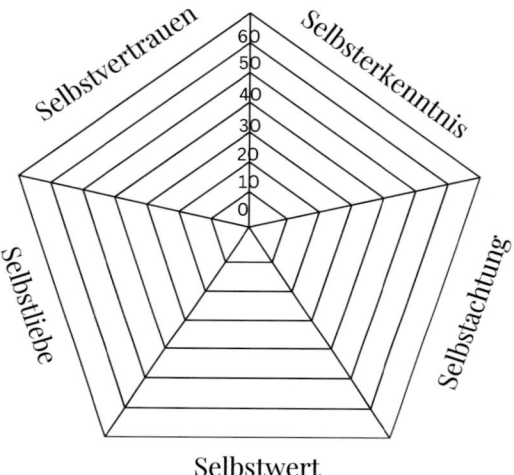

Entwicklungs-Ziele

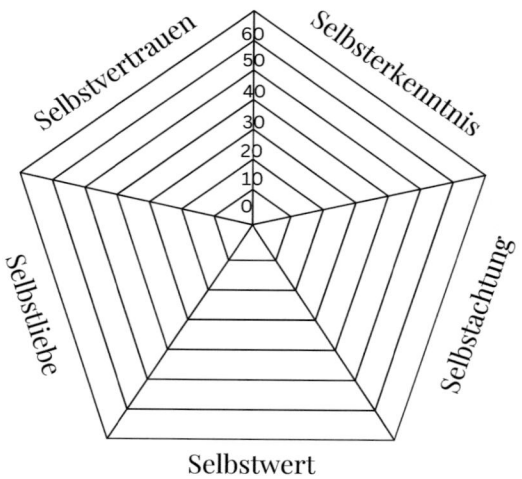

11 Quelle: Living Sense Script Integral Coach CIS   Abb. 23: Deine Selbsteinschätzung-Analyse

Trage in die Abteile des **Ist-Zustand** Diagramm deine Einschätzung über dich in den einzelnen Bereichen ein.

Du darfst diese gerne auch mit verschiedenen Farben ausfüllen.

Versuche anhand von der jetzigen Ist-Situation auszugehen. Lasse deine Auswertung auch bei jedem Thema ein wenig ruhen, wenn dir danach ist.

Anschliessend kannst du für dich jeden einzelnen Bereich reflektieren.

So wirst du bei jedem Thema sehen, wo du stehst, wie du bis heute dies gelebt hast.

Sei nicht zu streng mit dir oder verurteile dich nicht, wenn dein Ist-Zustand noch nicht dem entspricht, dessen du dir vorgestellt oder erwartet hast.

Du wirst für dich erkennen, in welchen Bereichen du dich weiterentwickeln, verändern und hinschauen willst. Feiere dich, wie weit du schon vorangekommen bist in deinen Themen und welche Veränderungen bereits stattgefunden haben.

Sich selbst einschätzen zu können und sich selber Ehrlichkeit entgegenzubringen benötigt ein hohes Mass an Mut, Selbstakzeptanz und Selbstliebe.

Du darfst dich fest umarmen für deinen Mut und dein Erreichtes.

als Unterstützung kannst du im Diagramm **Entwicklungs-Ziele** deine Ziele oder Fortschritte markieren. Jeder einzelne Schritt ist wertvoll für den Weg zu dir Selbst.

♡ Gedanken für mich ♡

- Ich bin es wert, mir genügend Selbstliebe zu geben.
- Ich kenne meine Potentiale und Talente, die mich selbstbewusst machen.
- Ich habe viele positive Erinnerungen an Situationen, in denen ich Selbstvertrauen hatte, ich nutze diese Ressource für mich.

_____

_____

_____

_____

W- Fragen für mich

- Was heisst für mich Selbstvertrauen, Selbstliebe, Selbstbewusstsein? (Die drei S-Stärken)
- Wie kann ich mir neue Glaubenssätze verinnerlichen?
- Welche Glaubensmuster sehe ich bei mir?
- Wo sind meine Glaubensmuster oder Glaubenssätze entstanden?
- Weshalb will ich die drei S stärken?

_____

_____

_____

_____

Hier kann ich schreiben, zeichnen, Kaffeespuren hinterlassen, Kussmünder drauf drücken, alles was ich gerade Lust habe...

_____

_____

_____

_____

_____

_____

_____

_____

Die darf ich mir gönnen

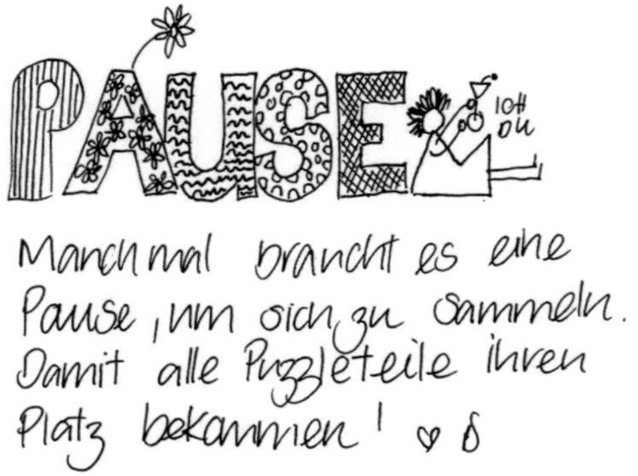

PAUSE

Manchmal braucht es eine
Pause, um sich zu sammeln.
Damit alle Puzzleteile ihren
Platz bekommen! ♥ 8

Abb. 24:"Pause"

Wie und wie viele Pausen du benötigst, deine Seele, deinen Körper und dein Geist, ist sehr individuell. Pausen einbauen hat nichts mit Faulheit, Trägheit oder Verweigerung zu tun, es ist ein wichtiger Teil Selbstliebe an dich.

Wir Menschen sind teilweise rastlos oder werden getrieben von den unterschiedlichsten Einflüssen, die uns zum Erfolgreich sein, Ansehen oder Geld scheffeln für die Sicherheit antreiben.
Wie auch diejenigen, die aus Berufung in ihrem Job aufgehen, sich aber selbst vergessen.
Elternteile, denen der Spagat zwischen der Verantwortung für ihrer Sprösslinge, Job, Beziehung alles abverlangt und nicht mehr realisieren, wenn der Dampfkochtopf explodiert.
Auch Kinder und Jugendliche, die sich vor lauter Leistungsdruck sowie dem ganzen sozialen Medien Hamsterrad keine Pause/Ruhe mehr bewusst gönnen können. Es gibt sicher noch "X" andere Beispiele. Stelle dir bewusst die Frage...

...kommt mir das bekannt vor?
Denkst du jetzt gerade, ja, das bin auch ich?

Hast du dich mal gefragt, aus welchen Gründen du rastlos bist oder
dich vielleicht verpflichtet fühlst, immer in dieser Leistungsbubble
zu leben?
Jetzt Trommelwirbel...
Deine Prägungen und Glaubensmuster kommen auch hier ins Spiel,
können zu deinen Pausenverweigerer werden.

Das schlechte Gewissen, das im Nacken sitzt, welche die Stimmen
deiner Eltern, Partner/in, Vorgesetzten oder Lehrer/in darstellen.
Glaubenssätze wie:
"Ich muss dranbleiben, leisten, präsentieren, funktionieren, alles
zusammenhalten, ansonsten gefalle ich nicht.
Werde ich nicht gesehen, nicht wertgeschätzt, ich genüge nicht,
werde nicht geliebt oder anerkannt", können im Unterbewusstsein
auftauchen und so unser Handeln beeinflussen.

Pausen sind wichtig für deinen Körper, deine Seele wie auch für
deinen Geist.
Zusätzlich um Platz zu schaffen für neue Ideen und Inspirationen.
Raum, um achtsam zu sein, sowohl deine Bedürfnisse zu
entdecken.
Pausen halten heisst zudem die Welt, um dich herum, bewusst
wahrzunehmen.

Dadurch können Emotionen freigesetzt werden, die tief in dir verborgen sind und so einen Weg nach aussen finden.
Zeitweise sind Pausen dazu da, Gedanken und Gefühle auszuhalten, um Klarheit zu erlangen.

💡 Input für dich

Mach das, was dir Spass macht, dich bereichert, deine Seele berührt und dein Herz öffnet!
Vielleicht denkst du jetzt, spinnt die!

Wie soll ich wissen, was ich will, was mir guttut, wenn ich mich nicht mehr spüre oder in einem Loch gefangen bin.
Mir die Zeit und das nötige Geld fehlt für Hobbys, Yoga Stunden oder Ferien, die ich schon lange nötig hätte.
Ich gebe dir recht, es ist nicht immer einfach, sich diese Pausen zu nehmen, zu organisieren sowie zu gönnen.

Fange doch mit etwas Kleinem an.
Nimm dir zum Beispiel am Morgen 5-10 min. Zeit ohne Ablenkung, einen Tee oder Kaffee zu trinken.
Versuche drei Seiten in einem Buch zu lesen, das dir gefällt.
Höre ein, zwei Stücke deiner Lieblingsmusik.

Schön, wenn du dies wie ein Ritual in deinen Tag einbauen kannst, damit es selbstverständlich wird, dass du dir Pausen gönnst.

♡ Gedanken für mich ♡

- Ich bin es wert, mir Pausen zu gönnen.
- Ich kann viel Inspiration aus meinen Pausen gewinnen.
- Ich habe Achtung vor meinem Körper, Seele und Geist und gönne mir Pausen.
- Ich schenke mir Selbstliebe mit einer Pause.

_____

_____

_____

_____

W- Fragen für mich

- Wie gut spürst du deinen Körper, Seele, Geist?
- Welchem Teil von dir schenkst du wenig Pausen, welchen mehr?
- Was würde dir gut tun in deinen Pausen?
- Weshalb hast du ein schlechtes Gewissen, dir Pausen zu gönnen?
- Was für Möglichkeiten bietet dir dein Leben, um Pausen einzubauen?
- Was für einen Mehrwert kann für dich entstehen?

_____

_____

_____

_____

Hier kann ich schreiben, zeichnen, Kaffeespuren hinterlassen, Kussmünder drauf drücken, alles was ich gerade Lust habe...

_____

_____

_____

_____

_____

_____

_____

Feiere dich, dein Leben, deine Träume, dein Erreichtes, dein Sein & deine Liebe für dich!

Patricia Strahm

Das Wachstum des Lebens...

Abb.23:"Wachstum"

Wachstum, das du erfahren, spüren, wahrnehmen, ehren darfst.
Stell dir doch mal die Frage, was Wachstum für dich bedeutet? In
welchen Bereichen du Wachstum erleben konntest oder gerade jetzt
kannst? Bei welchen Themen in deinem Leben du noch wachsen
möchtest?

*Wachstum hat unterschiedliche Gesichter. Wachstum bedeutet, dass
etwas entsteht, weiterwächst oder sich weiterentwickeln kann.
Wachstum darf Neuanfang sowie Beständigkeit sein. Es ist immer eine
Frage der Perspektive.*
*Damit Wachstum gedeiht, braucht es einen Nährboden und Ursprung
von etwas. Hast du dich schon mal gefragt, was dein Nährboden ist?
Aus was dieser besteht? Wo dieser entsprungen ist?*

Katapultiere dich aus deiner Komfortzone und erlebe Wachstum.
Wachstum kann für dich sowohl schwarz als auch weiss bedeuten.
Wachstum kann wie ein farbiger Blumen-Strauss sein. Du entscheidest
selbst, wem du mehr Dünger zugestehst.
Wachstum ist Nahrung für die Liebe, den Glauben und die Hoffnung.
Wachstum kannst du teilen, um andere Menschen zu motivieren.

Dein Wachstum fängt im Mutterleib an und endet erst, wenn du als
Erdenbürger diese Welt wieder verlassen wirst, um vielleicht an einem
anderen Ort weiter zu wachsen.

Wie viel Wachstum man zulässt, darf jeder Mensch selbst
entscheiden.
Wachstum kann für dich spirituell stattfinden, du kannst
verschiedene Facetten, Wahrnehmungen, Umsetzungen und
Einstellungen dazu haben.
Es ist möglich, dass das erfüllendste Wachstum für dich, erfolgreich
zu sein im Business, Selbstentdeckung oder Familie und Kindern
bedeutet.

Ist das auch richtig? Ich finde ja.

Wachstum kann zudem auch aus den Momenten oder Situationen
erfolgen und entstehen, die krass einschlagen im Leben. In denen
das Schicksal gnadenlos zuschlägt. Momente sowohl Situationen,
die mit Schmerzen, Trauer, Leid, Angst, Frust, Scham und Wut
gepaart sind. Die dich in ein tiefes Tal sinken lassen mit Dunkelheit
und Ohnmacht.

Indem du diese Täler, Schluchten, Wege, Abhänge und Felsvorsprünge lernst zu überwinden und sie zu verlassen, wirst du durch all diese Erfahrungen enormes Wachstum erfahren, das du auf deinem weiteren Lebensweg mitnimmst.
Du wirst gestärkt in neue Abenteuer hüpfen.
Erinnere dich mit Stolz und Liebe an all die Momente, in denen du Wachstum erfahren durftest.

Ja, es werden Momente oder Situationen eintreten, die dir wieder neue Herausforderungen bringen, neue Aufgaben auf dich warten, es kann sein, dass du in Themen auch Rückschritte einstecken musst, dich einen Schritt vorwärtsbringen aber auch wieder zwei rückwärts.
Alles ist möglich.

Was du aber bestimmt wirst, ist aus all den vorigen gewonnenen Erfahrungen, Erkenntnissen deiner Persönlichkeitsarbeit und Wachstum, gestärkt, klar, bewusst und resilient an die neuen Herausforderungen und Aufgaben, die dir das Leben stellen kann, herangehen.

Ich sag immer, du kommst so lange an die gleiche Kreuzung bis du gelernt hast, um dann den Weg, der für dich bestimmt ist, weiterzugehen.
Ist wie in der Schule, manchmal dreht man noch eine Ehrenrunde.
Ich wünsche dir von Herzen auf deinem weiteren Weg, Mut, Weitblick, Wachstum, Innehalten, Reflektion, Liebe, Gesundheit in allen Bereichen deines Seins. Stärke, Herzklopfen Durchhaltevermögen, Spass, Freude, Ehrgeiz, Bewusstsein und höre auf dein Herz und deine Seele!

Input für Dich
Meine Wachstums Quellen

♡ Gedanken für mich ♡

- Ich darf mein Wachstum mit jedem Schritt feiern.
- Ich bin stolz auf mich und mein persönliches Wachstum.
- Ich teile meine Erfahrungen, um andere Menschen zu motivieren.

W- Fragen für mich

- Was bedeutet für mich Wachstum?
- Wie erlange ich Wachstum für mich?
- Wo habe ich schon Wachstum erlebt in meinem Leben?
- Weshalb ist mein persönliches Wachsen wichtig für mich?
- Womit kann ich mit kleinen Schritten zu meinem Wachstum gelangen?

Hier kann ich schreiben, zeichnen, Kaffeespuren hinterlassen, Kussmünder drauf drücken, alles was ich gerade Lust habe...

_____

_____

_____

_____

_____

_____

_____

_____

All in...

Zeit für deine Gedanken, Gefühle. Was nimmst du mit für dich auf deinem weiteren Weg?

Über mich...

Ein Sprichwort sagt: "Die Augen sind der Spiegel zur Seele eines Menschen".

Meine Augen schimmern grüner, wenn ich glücklich und ausgeglichen bin, brauner, wenn ich sauer oder sich meine verletzliche Seite zeigt. Ich hatte schon früh einen tiefen Zugang wie auch Wahrnehmung zu den Menschen, konnte hinter die Fassaden blicken.

Trotzdem durfte ich noch ein paar Abzweigungen, Hürden, Erfahrungen als auch Erkenntnisse auf meinem Weg mitnehmen, bevor ich wirklich im Ansatz verstanden habe, weshalb mir diese Gabe mit auf den Weg gegeben wurde.

Ich glaube immer zuerst an das Gute im Menschen, bin überzeugt, dass jeder von uns seinen Seelenplan hat. Ich bin diejenige, die an ein grosses Ganzes glaubt und öfters schon spürt, wie es anderen Menschen geht, bevor diese überhaupt begreifen, was mit ihnen los ist. Ich bin ein Mensch, der die Gesellschaft liebt, aber auch die einsame Ruhe im Wald, am Meer oder in den Bergen sucht, um dort meine Energiequellen aufzuladen.

Meinem Optimismus und meine positive Einstellung zum Leben und den Menschen konnten auch die herausfordernsten Zeiten meines Lebens nichts anhaben.

Ich liebe mein Kind von hier bis zum Universum und zurück, ich schätze, liebe und bin dankbar für meinen Partner, meine Familie und Freunde.
Ich bin mich Selbst, Frau, Mama, Tochter, Partnerin, Schwester, Freundin, Lebensberaterin und Fisch mit Aszendent Zwilling.

Ich stehe auf Hollywood Kitsch und Epic Streifen. Wenn Musik läuft, kann ich nicht still sein und muss tanzen. Genuss, wie edle Weine und Champagner sind eine Passion von mir.

Ich bin auch der Mensch, der sich beim Thema Geduld haben, sich Selbstliebe und Selbstvertrauen geben, ein paar Lebensstunden, Lernstunden, Bücher, Workshops um die Ohren hauen durfte und immer noch darf.

Ich bin der Mensch, der durch seine Ursprungsgeschichte und seinen Lebensplan gelernt hat, dass der Ursprung eines Menschen von grösster Bedeutung ist, dass bedingungslose Liebe nichts mit: "Dasselbe Blut fliesst durch die Adern" zu tun hat.

Dass der Weg manchmal steinig, happig und nicht nach Plan verläuft, aber der auch aus eigener Erfahrung weiss, dass (fast) alles möglich ist, um den Zugang zu sich, seiner Seele, seinem Herzen zu finden, zu öffnen und zu heilen.
Scheisse anstrengend? Ja, aber es lohnt sich!

Ich bin ein Mensch, der viele Ideen hat, der lernen durfte mutig zu sein, sich zu akzeptieren und stolz auf sich zu sein, sich mehr zutrauen darf, tief in seine Seele blicken darf, der etwas Grosses bewirken und erreichen kann.

Meine Mission sehe ich darin, meine Erfahrungen, mein Wissen zu teilen, um anderen Menschen, Mut, Zuversicht, Motivation, Inputs und viel Herzwärme auf ihren Weg mitzugeben. Damit sie ihren eigenen Weg finden oder weitergehen dürfen mit Leichtigkeit, Klarheit, Wohlwollen und viel Liebe für sich selbst.

Wer ich auch noch bin, ich liebe farbige Lakritze, mein ganzer Kleiderschrank ist nach Farben sortiert und...

...ich bin dankbar für mein Leben.

Was für Themen sind mein Fachgebiet?
Familien & Jugendthemen
Pubertät, Berufswahl, Medienkompetenz
Wechseljahre
Patchwork Familien
Alleinerziehende Elternteile
Jugendliche mit Alleinerziehenden Elternteilen
Adoption- Themen

Welches sind meine Kompetenzen in diesen Gebieten?
Cert. Integral Coach ICI / CIS
Dipl. Familien & Jugend Coach ICI / CIS
Lebenserfahrung
Workshops für Wechseljahre, Medienkompetenz, Human Design
Cert. Lehrlings Ausbildnerin

Quellen, Literatur Nachweise, Abbildungen

Zitate:
Patricia Strahm, Demokrit, Mark Twain, Unbekannt
Quellen:
S.7 Das integrale Menschenbild *1, Living Sense Script Integral Coach CIS*
S. 9/10/11 Bewusstsein & Unterbewusstsein *2&3, Living Sense Script Integral Coach CIS*
S. 12 Die Organe und ihre Emotionen *4, www.neijin-gigong.com*
S. 13 Limbisches System *5, www.wikipedia.com*
S. 18 Die Chance Kurve nach Kübler-Ross *6, www.kübler-ross.com*
S.38 Mamas & Töchter gemeinsam auf dem Hormonkarusell *7, Patricia Strahm*
S.80 Das Ressourcen Rad *8, Living Sense Script Integral Coach CIS*
S.86 Kintusugi *9, www.kintusugi.com*
S.103 Bedürfnis-Erkennungs-Analyse *10, Living Sense Script Integral Coach CIS*
S.105 Die Selbsteinschätzung-Analyse *11, Living Sense Script Integral Coach CIS*
Bilder:
S.7 Abb.1 "Das integrale Menschenbild", *Living Sense Script Integral Coach CIS*
S.8 Abb.2 "Bewusstsein & Unterbewusstsein", *Living Sense Script Integral Coach CIS*
S.12 Abb.3 "Organe & ihre Emotionen", *Patricia Strahm*
S.16 Abb.4 "Der Plan", *Patricia Strahm*
S.18 Abb.5 "Der Wendepunkt", *nach Kübler-Ross*
S.23 Abb.6 "Der Spiegel", *Patricia Strahm*
S.29 Abb.7 " Die Rakete", *Patricia Strahm*
S.34 Abb.8 "Der Flipperkasten", *Patricia Strahm*
S.42 Abb.9 "Die Krone", *Patricia Strahm*
S.46 Abb.10 "Die Türen", *Patricia Strahm*

Allgemein Literatur:

- Diplomarbeit Patricia Strahm " Mamas & Töchter gemeinsam auf dem Hormonkarussell", 2023
- Gewaltfreie Kommunikation, Marshall B. Rosenberg, 12. Auflage Jungfermann Verlag, 2016
- Das verlassene Kind, Dr. med. D. Dufour, 2. Auflage Manko Verlag GmbH
- Wechseljahre keine Panik, Katja Burkhard, 4. Auflage Random House GmbH, 2019
- Das Kind in dir muss Heimat finden, Stefanie Stahl, 39. Auflage Kailiash Verlag, 2015
- Unerwünschtsein verwandeln in geliebt sein, Susanne Hühn, 2. Auflage, Schirner Verlag, Darmstadt, 2018